AF363746

MADAME DE SÉVIGNÉ

SA FAMILLE ET SES AMIS

D'APRÈS DES DOCUMENTS INÉDITS

P. Mignard pinx.

Madame de Sévigné

appartient à M. le Comte De Ternay

(Château des Rochers)

JEAN LEMOINE

MADAME DE SÉVIGNÉ

SA FAMILLE ET SES AMIS

D'APRÈS DES DOCUMENTS INÉDITS

I

LES ORIGINES — ENFANCE ET JEUNESSE

LIBRAIRIE HACHETTE

JEAN LEMOINE

MADAME DE SÉVIGNÉ

SA FAMILLE ET SES AMIS

D'APRÈS DES DOCUMENTS INÉDITS

I

LES ORIGINES — ENFANCE ET JEUNESSE

LIBRAIRIE HACHETTE
79, BOULEVARD SAINT-GERMAIN, PARIS

PRÉFACE

Il peut sembler téméraire de prétendre trouver du nouveau sur madame de Sévigné après que tant de biographes se sont plu à rappeler les particularités de sa vie. On doit pourtant reconnaître que la plupart des études dont elle a été l'objet ne sont guère que le commentaire de ses lettres et n'ont fait que reproduire dans tel ou tel ordre systématique les renseignements si abondants qu'elle nous a laissés sur sa personne et sur son entourage. Or, sa correspondance est muette sur toute une partie de son existence et, même pour des périodes mieux connues, certains points restent obscurs. Nous n'avons pas la prétention de combler toutes les lacunes ni d'éclairer toutes les obscurités. Nous voudrions seulement à l'aide de nombreux documents inédits qu'il nous a été possible de retrouver et aussi de documents déjà connus, mais non encore utilisés à ce point de vue, essayer de préciser certains traits de la biographie de l'illustre épistolière, de ses parents et de quelques-uns de ses amis.

Les nombreux documents inédits qui ont servi de base à cette étude ont été empruntés à des sources très diverses que nous aurons l'occasion de citer au cours de cet exposé. Nous tenons toutefois à exprimer dès maintenant tous nos remerciements à M. le comte de Luçay, descendant de madame de Sévigné, et à M. Ferdinand Robin, ancien président de la Chambre des notaires de Paris, qui ont bien voulu nous faciliter l'accès des actes notariés relatifs à madame de Sévigné et à sa famille, ainsi qu'à MM. Blanchet, Baudrier, Flamand-Duval, Houdart, Laeuffer, Maciet, Paul Robineau et Ragot, notaires à Paris, qui ont bien voulu nous permettre de consulter les minutes anciennes de leurs études, et à M. Darantière, ancien président de la Chambre des notaires de Dijon, qui nous a autorisé à consulter les anciennes minutes de notaires de Dijon conservées à la Chambre des notaires de cette ville. Nous voulons aussi témoigner toute notre respectueuse gratitude aux religieuses du premier monastère de la Visitation d'Annecy pour l'obligeance avec laquelle elles ont bien voulu nous donner communication de plusieurs pièces inédites ou en partie inédites relatives au baron de Chantal ou à sa fille. Les Œuvres de sainte Chantal et les Œuvres de saint François de Sales, éditées avec tant de soin par les mêmes religieuses, nous ont également fourni les plus précieux renseignements pour l'histoire de la famille et des premières années de madame de Sévigné.

Plusieurs années après que nous avions réuni les principaux éléments de cette étude dont nous publions aujourd'hui le premier volume, M. Maurice Dumolin, à l'occasion de ses savantes recherches sur l'histoire du Vieux Paris, a été amené à retrouver un grand nombre de documents que nous avions déjà consultés et notamment de nombreuses minutes anciennes de notaires de Paris relatives à madame de Sévigné ou à sa famille, et nous tenons à rendre ici hommage à la courtoisie avec laquelle, ayant appris l'antériorité de nos recherches, il a renoncé à utiliser les documents qu'il avait réunis lui-même.

Nous nous proposons de donner en Appendices, à la fin de cette publication, un certain nombre de pièces, de notes et d'éclaircissements qui, soit en raison de leur étendue, soit en raison de leur caractère trop spécial, n'ont pu trouver place dans ce premier volume.

Enfin nous tenons à exprimer toute notre reconnaissance à M. le comte de Ternay pour l'obligeance avec laquelle il a bien voulu nous autoriser à donner, en tête de ce volume, une reproduction du beau portrait de madame de Sévigné, par Mignard, qu'il possède en son château des Rochers. Il ne nous parait pas sans intérêt de rapprocher de ce portrait celui que, vers la même date, mademoiselle de Scudéry traçait de madame de Sévigné dans son roman de Clélie, sous le couvert de la princesse Clarinte, car les romans à clef ne datent pas d'aujourd'hui :

« [La princesse Clarinte] est de cette agréable grandeur qui, étant beaucoup au-dessus de la médiocre, n'est pourtant pas excessive. Aussi a-t-elle l'air si libre, l'action si naturelle et le port si noble, qu'on connaît, dès le premier instant qu'on la voit, qu'il faut qu'elle soit de haute naissance, qu'elle ait passé toute sa vie dans le monde, qu'elle ait de la gaieté dans l'humeur et même de l'air à la danse. Elle est blonde, mais c'est de ce blond qui n'a rien de fade et qui sied bien à la beauté. Pour le teint, elle l'a si admirable qu'il n'est pas au pouvoir des plus rigoureux hivers d'effacer le bel incarnat qui le rend si beau et qui donne un si grand éclat à sa merveilleuse blancheur qu'on y voit en toute saison cette fraîcheur qu'on ne voit qu'au lever de l'aurore sur les plus belles roses du printemps... Pour les lèvres, elle les a de la plus belle couleur du monde; elle a le tour du visage beau, les yeux bleus et pleins de feu et les joues si aimables qu'elle ne sourit jamais qu'on n'y voie ce qu'on ne saurait exprimer et ce qui

*sert pourtant beaucoup à faire une partie de son agrément.
Pour la gorge, il est impossible d'en voir une mieux taillée ni
plus blanche... Quant à son esprit, je ne sais si je pourrai vous
le faire bien comprendre; mais je sais bien qu'il n'en fut jamais
un plus agréable, mieux tourné, plus éclairé ni plus délicat. Elle
a l'imagination vive et l'air de toute sa personne est si galant,
si propre et si charmant qu'on ne peut, sans honte, la voir sans
l'aimer. »*

MADAME DE SÉVIGNÉ

SA FAMILLE ET SES AMIS

I

FRÉMYOT ET RABUTIN. — SAINTE CHANTAL ET SES ENFANTS

Marie de Rabutin-Chantal est née, comme on le sait, à Paris, le 5 février 1626, dans l'hôtel de son grand-père, Philippe de Coulanges, sis Place Royale, aujourd'hui Place des Vosges, de Celse-Bénigne de Rabutin, baron de Chantal, et de Marie de Coulanges.

Ce qu'était la maison des Rabutin, quels avaient été depuis cinq siècles ses hauts faits, ses possessions et ses alliances, Bussy-Rabutin l'a raconté abondamment dans la généalogie qu'il composa lui-même avec tant de soin et qu'il dédia plus tard à sa cousine. Dès l'année 1167, un Mayeul de Rabutin intervient dans une convention passée entre l'abbé de Cluny et Guillaume, comte de Mâcon. Au xvᵉ siècle, Hugues de Rabutin fut conseiller et chambellan du roi Charles VIII. C'est lui qui, en épousant en 1467 Jeanne de Montagu, fille naturelle de Philippe le Bon, duc de Bourgogne, reçut en don

de celui-ci la terre et seigneurie de Bourbilly. Dans la seconde
moitié du xvie siècle les Rabutin jouèrent un rôle important
au cours des guerres de religion. Après Guy de Rabutin,
premier baron de Chantal, qui, en 1570, fut fait chevalier de
l'Ordre du Saint-Esprit et gentilhomme ordinaire de la Chambre du Roi, son fils, Christophe de Rabutin, continua à lutter
vaillamment pour la cause royale. En 1589, il était le principal
lieutenant de Tavannes, quand celui-ci reprit sur les troupes
de la Ligue la ville de Semur. En 1595, il était aux côtés de
Henri IV quand le bon roi fit son entrée solennelle dans la
ville de Dijon et, quelques jours plus tard, quand il repoussa
victorieusement les Espagnols au combat de Fontaine-Fran-
çaise. Par ailleurs, Christophe était, dit Bussy-Rabutin,
« d'un naturel fort doux et cela lui attirait des querelles
avec les brutaux qui ne croient pas qu'on puisse être brave
sans être fanfaron, mais il les désabusait à grands coups
d'épée ».

Non moins ardent que les Rabutin à défendre les intérêts
du roi, messire Bénigne Frémyot, second président au Parlement de Bourgogne, avait réuni à Semur les membres de ce
Parlement restés fidèles à la cause royale, quand cette dernière
ville avait été reprise sur les troupes de la Ligue. Un nouveau
lien avait bientôt uni les deux familles. Le 29 décembre 1592
Christophe de Rabutin avait épousé Jeanne Frémyot, fille du
président. De cette union devait naître, outre cinq filles,
Celse-Bénigne de Rabutin-Chantal, père de madame de
Sévigné.

On sait comment Jeanne Frémyot, baronne de Chantal,
ayant en l'année 1600 perdu son mari, blessé mortellement
au cours d'une partie de chasse, dut deux ans plus tard quitter
Bourbilly pour aller habiter le château de Montelon, près
d'Autun, en compagnie de son beau-père, Guy de Rabutin,

lequel était « d'un caractère singulièrement hardi et remarquablement sévère »; comment, vivement frappée par la perte d'une de ses filles et remuée par les prédications de saint François de Sales, elle songea dès lors à se donner complètement à Dieu et, en 1610, abandonna sa famille et ses enfants pour aller fonder à Annecy, sous la direction du pieux évêque de Genève, l'ordre de la Visitation. Saint François de Sales et la Visitation à ses débuts occupent une telle place dans l'histoire du père de madame de Sévigné et dans celle des premières années de madame de Sévigné elle-même qu'il convient d'entrer à ce sujet dans des détails assez abondants. Ces détails ne seront peut-être pas d'ailleurs inutiles pour faire comprendre à ce point de vue la véritable physionomie de sainte Chantal et pour montrer comment, en dépit d'une légende trop facilement répandue, elle sut concilier avec les exigences de sa nouvelle vie l'accomplissement de tous ses devoirs envers ses enfants.

C'est en 1604, à Dijon, où il était venu prêcher le carême, que saint François de Sales avait vu pour la première fois « cette jeune dame, claire-brune, vêtue en veuve, qui se mettait à son opposite au sermon et qui écoutait si attentivement la parole de vérité[1] ». Cette première rencontre avait été suivie de nombreuses entrevues soit chez le père de madame de Chantal, Bénigne Frémyot, président au Parlement de Bourgogne, soit chez son frère, André Frémyot, archevêque de Bourges et abbé de Saint-Étienne de Dijon. Tout a été dit sur la nature profondément aimante du pieux évêque de Genève. « Quiconque me provoque en la contention d'amitié, écrira-t-il un jour, il faut qu'il soit bien ferme, car je ne l'épargne

1. *Mémoires sur la Vie et les Vertus de sainte Jeanne-Françoise Frémyot de Chantal*, par la mère de Chaugy, p. 51.

point[1]. » Toute la famille de madame de Chantal avait du même coup été comprise dans cette affection.

Dans ces témoignages d'affection les enfants de madame de Chantal avaient eu dès la première heure leur large part : « Il les caressoit et mignardoit, dit un contemporain, avec un souris et maintien si gracieux que rien plus ; eux pareillement s'accostoient de lui en toute privauté et confiance[2]. » Depuis cette date jusqu'au jour où, en 1610, furent jetés les premiers fondements de l'ordre de la Visitation, leurs noms reviennent à chaque instant dans les lettres de plus en plus nombreuses et de plus en plus confiantes que saint François de Sales adresse en Bourgogne : « Je vous salue très humblement, écrit-il à madame de Chantal dès le 14 juin 1604, donnant la sainte bénédiction à vos petits enfants si vous êtes à Autun, car, si vous êtes à Dijon, je ne le voudrais entreprendre en la présence de M. leur oncle, bien que leur petit agenouillement et votre demande me fit faire une pareille faute à mon départ[3]. » Aucun d'eux n'est oublié dans ces énumérations, ni « notre petite Charlotte qui est à Dieu » et qui mourut dans les premiers mois de l'année 1610 à l'âge de dix ans ; ni Françoise, la future comtesse de Toulongeon, dont le nom reviendra si souvent dans l'histoire de madame de Sévigné, ni Marie-Aimée, la future belle-sœur de l'évêque de Genève qu'il chérit d'une affection particulière, « parce que, écrit-il à sa mère, un jour que vous n'étiez pas au logis à Dijon, elle me fit bien des faveurs et me permit de la baiser d'un baiser d'innocence », mais, plus que tous les

---

1. Saint François de Sales au Président Frémyot, 7 octobre 1604 (*Œuvres de saint François de Sales*, XII, p. 327).

2. *La vie de l'illustrissime François de Sales*, par le P. de la Rivière, Lyon, 1625.

3. *Œuvres de saint François de Sales*, XII, 277.

autres, le jeune Celse-Bénigne, le père de madame de Sévigné, a une place à part dans ces souvenirs : « Je prie soigneusement pour notre Celse-Bénigne et pour toute la petite troupe de filles... Dieu bénisse notre Celse-Bénigne et ses trois sœurs... Je souhaite mille grâces à vos petits et petites lesquels je tiens pour miens en Notre Seigneur. » Les principales questions relatives à leur éducation sont abordées dans cette correspondance :

Il est la vérité que je chéris d'une particulière dilection et votre Celse-Bénigne et tout le reste de vos enfants. Puisque Dieu vous a donné le cœur de les désirer totalement à son service, il les faut nourrir à ce dessein, leur inspirant souèvement des pensées conformes à cela... Quant à Celse-Bénigne, il faut que ce soit avec des motifs généreux et qu'on lui plante dans sa petite âme des prétentions au service de Dieu toutes nobles et vaillantes et lui ravaler fort les appréhensions de la gloire humaine, mais cela petit à petit; à mesure qu'il croîtra, nous penserons aux particularités requises, Dieu aidant... Si Françoise veut de son gré être religieuse, bon; autrement je n'approuve pas qu'on prévienne sa volonté par des résolutions[1].

En 1609, le mariage de Marie-Aimée de Rabutin, alors âgée de onze ans, avec le jeune frère de saint François de Sales, Bernard de Sales, baron de Thorens, rendit l'union plus étroite entre les deux familles. Ce mariage, suivi quelques mois plus tard de la mort de madame de Boisy, la mère de saint François de Sales, avançait aussi l'heure à laquelle devait se réaliser le projet de la nouvelle congrégation, projet dont l'évêque de Genève ne s'était ouvert clairement qu'en 1607 et dont la réalisation, en raison du bas âge des enfants de madame de Chantal, n'avait d'abord été considéré

---

1. Saint François de Sales à sainte Chantal, 14 octobre 1604 (*OEuvres de saint François de Sales*, XII, 360).

par lui comme possible que six ou sept années plus tard. On sait comment, dès 1610, la pieuse veuve, après une longue entrevue entre son père, son frère et saint François de Sales, finit par enlever leur assentiment et comment Annecy fut choisi pour le siège de ce nouvel ordre. On sait aussi, par le récit de la mère de Chaugy, l'émotion que créa ce projet dans l'entourage de madame de Chantal et notamment dans l'âme de Celse-Bénigne :

Après tous les autres, le jeune baron, son fils, âgé d'environ quinze ans, qu'elle aimait, si jamais mère aima amoureusement son fils unique, se vint jeter à ses pieds et fut un sujet de pitié à toute cette noble compagnie. Il fit un discours si sensible qu'on eût dit que c'était une harangue étudiée et sa sainte mère lui répondit avec une force admirable, tandis que la compagnie redoublait ses larmes et ses sanglots d'entendre ce discours filial et maternel si douloureusement amoureux; la vaillante mère voulant passer outre pour aller dire adieu à M. Frémyot, le jeune gentilhomme, avec des pleurs et une grâce non pareille, s'alla coucher sur le seuil de la porte de la salle : « Hé bien ! dit-il, ma mère, je suis trop faible et trop infortuné pour vous retenir, mais au moins sera-t-il dit que vous avez foulé votre enfant aux pieds [1].

Cette scène nous est un précieux témoignage des sentiments du jeune baron de Chantal, mais elle ne doit point nous faire juger avec une sévérité injustifiée la conduite de sa mère. Confié aux soins d'abord de son grand-père et ensuite de son oncle, Celse-Bénigne était d'un âge à sortir des mains des femmes. Quant à ses deux sœurs, l'une, Marie-Aimée, habitant le château de Thorens, ne devait être éloignée d'Annecy que de quelques lieues; l'autre, Françoise, allait accompagner sa mère. Aux reproches que le monde, mal informé, ne manqua

---

1. *Mémoires sur la Vie et les Vertus de sainte Jeanne-Françoise Frémyot de Chantal*, par la mère de Chaugy, p. 129.

pas d'adresser à la jeune veuve, saint François de Sales avait d'ailleurs pris soin de répondre :

Si vous vous fussiez remariée à quelque chevalier du fond de Gascogne ou de Bretagne, vous eussiez tout abandonné et on n'en eût rien dit. Maintenant que vous n'avez pas fait à beaucoup près un si grand abandonnement et que vous avez réservé assez de liberté pour avoir un soin modéré de votre maison et de vos enfants, parce que le peu de retraite que vous avez fait est pour Dieu, il se trouve des gens qui tâchent de le faire estimer mauvais et contre le devoir[1].

Il convient de dire, en effet, que le nouvel ordre de choses n'amena à ce point de vue aucun changement essentiel. Merveilleusement souples, comme il convenait de les attendre d'un pareil fondateur, les premières règles de la Visitation naissante étaient faites pour se plier sans heurt à toutes les exigences des circonstances. Le président Frémyot étant mort l'année même qui suivit la fondation de la Visitation, madame de Chantal put faire un long séjour en Bourgogne pour mettre ordre aux affaires les plus importantes de la famille. Elle en fit un autre l'année suivante à la suite de la mort de son beau-père ; à cette occasion, nous raconte la mère de Chaugy, « elle visita tous les terriers et titres principaux des biens des maisons de ses enfants, les contrats, livres de raison, bref tout ce qui était requis pour établir un bon ordre ; elle mit des grangers aux métairies, des fermiers et receveurs aux châteaux : elle allait à cheval tout d'un jour de Montelon à Bourbilly, qui sont éloignés de dix ou douze lieues »[2]. Pendant qu'à Lyon, elle jette les fondements d'un

---

1. Saint François de Sales à sainte Chantal, 15 novembre 1611 (*OEuvres de saint François de Sales*, XV, 121).

2. *Mémoires sur la Vie et les Vertus de sainte Jeanne-Françoise Frémyot de Chantal*, par la mère de Chaugy, p. 175.

nouveau monastère, les embarras de toutes sortes qui l'accablent ne l'empêchent point de songer à ses enfants. Elle écrit aux religieuses restées à Annecy :

M. Coulon (l'intendant de Bourbilly) me tient en tutelle; je n'ai point encore reçu l'argent de ce côté-là, ni les mémoires. Pour le coup, des dentelles à Françoise... Les laines que vous aviez encore demandées pour ma fille de Thorens, si elles sont perdues, renvoyez un autre mémoire. J'envoie deux peignes pour mes filles, de la laine rouge, deux aunes d'étamine pour couvrir un corps de robe à Françoise, et de l'étoffe laide et fort chère pour un corps de cotte et les manches pour achever l'été avec un couvre-cou ; je ne me fie plus à personne pour choisir ce qu'il lui faudra ; j'emporterai, Dieu aidant, de quoi la vêtir [1].

Mais si elle s'inquiétait de vêtir convenablement ses filles, elle n'y voulait pas d'apparat. Françoise montrait déjà un certain goût pour la coquetterie, à quoi le pieux évêque de Genève ne voyait pas grand mal :

Dimanche, je fus voir ma sœur de Bréchard. Elle me dit que votre fille de Rabutin s'attristait et pleurait pour n'avoir pas de quoi se faire brave et je lui dis qu'il fallait lui faire faire un beau collet pour les fêtes et cela suffirait au village, en attendant mieux à votre retour. Je crois que cette fille pense que ce soit grand contentement d'avoir ces dentelles et ces collets (vous voyez bien que j'en sais quelque chose), et il la faut charger de cela. Quand elle verra que ce n'est pas si grande fête, elle reviendra à soi [2].

Madame de Chantal n'était pas de ce sentiment. De là entre elle et le saint évêque d'amicales disputes sur ce point :

Je ne puis finir ce billet sans vous dire, mon vrai cher père, que

1. A la mère de Bréchard, 14 avril et 9 juillet 1615 (*OEuvres de sainte Chantal*, IV, 36 et 47).
2. *OEuvres de saint François de Sales*, XVI, 303.

vous n'avez pas assez mortifié ma fille. Mais, voyez-vous, voilà la coutume : les pères gâtent leurs filles parce qu'ils en sont tendres et ont pour elles trop de douceur et d'indulgence. Je sais bien que vous me répondrez qu'aussi souvent les mères gâtent leurs garçons parce qu'elles ont pour eux un cœur trop flexible et des paroles trop faibles.

Mais madame de Chantal aimait plus ses filles qu'elle ne voulait le dire. Avec quelle sollicitude elle s'enquiert d'elles quand elles sont malades ou éloignées d'elle ! Quelle compassion pour sa fille de Thorens, quand celle-ci perd son mari : « La pauvre petite veuve est si douce et si aimable en sa douleur que ne se peut dire davantage. » Et quelle douleur lorsque, quelques mois plus tard, la jeune baronne de Thorens elle-même, à peine âgée de dix-sept ans, lui est enlevée à son tour. Elle écrit à une de ses religieuses les plus dévouées, la mère Favre : « Je me soumets de toutes les forces de mon âme à la très sainte volonté et providence céleste qui m'a ravi quasi imperceptiblement ma très chère fille uniquement bien aimée... Je me fonds, ma fille, car cette privation m'a rudement touchée et ne puis vous en dire davantage [1]. » A saint François de Sales : « Je vois et je sens combien cette fille était véritablement l'enfant parfaitement aimée de mon cœur... Mais pour un peu de temps, il me semble que je devrais me retrancher de parler tant de feue notre pauvre petite, car le contentement que j'y prends me laisse toujours de l'attendrissement [2]. »

Le mariage de sa fille Françoise fut aussi, vers le même temps, pour la mère de Chantal, l'objet de nombreuses préoccupations et négociations auxquelles, en sa qualité de beau-

1. A la mère Favre, septembre 1617 (*OEuvres de sainte Chantal*, IV, 218).

2. *Ibid.*, IV, 223.

frère de la jeune fille, saint François de Sales se trouva plus d'une fois mêlé. Après plusieurs projets ébauchés, qui durent être abandonnés, l'époux rêvé se trouva enfin en la personne d'un bon gentilhomme, riche et d'une ancienne famille de Bourgogne, le comte de Toulongeon, capitaine d'une compagnie de deux cents hommes d'armes, et, plus tard, gouverneur de Pignerol : « Un très bon et brave gentilhomme, écrit la mère de Chantal, riche, sage et qui, je m'assure, sera très bon mari [1]. » La grande affaire était de vaincre les « irrésolutions » de Françoise ; sa mère lui écrit : « M. de Toulongeon, il est vrai, a quelque quinze ans plus que vous ; mais, mon enfant, vous serez bien plus heureuse avec lui que d'avoir un jeune fou, étourdi, débauché, comme le sont les jeunes gens d'aujourd'hui. Vous épouserez un homme qui n'est rien de tout cela, qui n'est point joueur, qui a passé sa vie avec honneur à la Cour et à la guerre, qui a des appointements du roi... » La jeune fille se rendit à ces raisons, peut-être aussi y fut-elle aidée. « Je suis bien contente, lui écrit sa mère, que ce soient vos parents et moi qui ayons fait ce mariage sans vous ; c'est ainsi que se gouvernent les sages et que je veux, ma fille, être toujours de votre conseil... Je traiterai bien à votre avantage ; n'ayez soin de rien, ma très chère fille. »

Le mariage accompli, la mère de Chantal ne se désintéresse pas des affaires de sa fille. Françoise est « assez portée à l'excès des dépenses » ; il ne faut pas que l'aisance dont son mariage va la faire jouir la conduise à ces excès.

M. de Toulongeon veut faire venir ici une grande partie des pierreries de Paris pour vous acheter tout ce que je voudrais, et je

1. Sainte Chantal à la mère de Châtel, 21 mars 1620 (*OEuvres de sainte Chantal*, IV, 389).

voudrais que vous n'en achetassiez point. Je ne désire nullement
que ma Françoise se laisse aller à cela. Il irait de ma réputation
encore, car, étant ma fille, vous êtes plus obligée à la discrétion et
modestie très honnête [1]...

Il n'est pas défendu pourtant de suivre les exigences de la
mode. Si Françoise veut un habit, au lieu de le faire faire
en Bourgogne, que M. de Toulongeon envoie l'argent à Paris
où se trouve pour lors la mère de Chantal : « Nous le ferions
faire selon la mode qui court et des étoffes qui se portent
maintenant et qui soient portatives partout... Au reste, il ne
faut point faire de robe de noce ; on se moque de cela parmi
les dames des champs et de la Cour. »

Celse-Bénigne de Rabutin, baron de Chantal, occupe dans
la correspondance de sa mère et dans celle de saint François
de Sales une place plus importante encore que ses sœurs.
De son père, qu'elle perdit à peine âgée de dix-huit mois,
madame de Sévigné, on le sait, ne nous a que peu parlé et
tout ce qu'elle en dit tient en quelques phrases sur la vivacité
de son esprit et sur son humeur batailleuse. Les souvenirs
que l'histoire de la Visitation à ses débuts nous a conservés
de lui pour ainsi dire à chaque page permettent heureusement
de compléter plusieurs traits de sa physionomie.

De même que sa mère, Celse-Bénigne avait passé au château
de Montelon près d'Autun, auprès de son grand-père, Guy de
Rabutin, les premières années qui avaient suivi la mort de
son père; mais l'humeur difficile du vieillard, le peu de ressources que présentait Montelon pour l'éducation d'un jeune
gentilhomme firent que de bonne heure, et plusieurs années

---

1. A mademoiselle de Chantal, 13 avril 1620 (*OEuvres de sainte Chantal,*
IV, 401).

même avant le départ de sa mère pour Annecy, il fut confié
aux soins de son oncle, André Frémyot, qui, outre sa dignité
d'archevêque de Bourges, était aussi abbé de l'abbaye de
Saint-Étienne de Dijon et faisait de cette dernière ville sa
principale résidence. Dès l'année 1606, alors que le jeune
baron de Chantal n'avait encore que dix ans, saint François
de Sales écrivait à madame de Chantal : « Pour notre Celse-
Bénigne, je m'assure que monsieur son oncle aura plus de
soin de l'éducation de sa petite âme que de celle de son exté-
rieur. Si c'était un autre oncle, je dirais que vous en auriez
le soin vous-même, afin que ce trésor d'innocence ne se perdît.
Ne laissez pas pourtant de jeter dans son esprit de douces et
suaves odeurs de dévotion et de souvent recommander à
monsieur son oncle la nourriture de son âme [1]. » Peu de
temps après, l'archevêque de Bourges le confiait aux soins
d'un vénérable ecclésiastique, M. Robert, déjà chargé de
l'éducation de deux cousins du jeune homme, Bénigne de
Neuchèze, baron des Francs, et Jacques de Neuchèze, le futur
évêque de Chalon. La tâche du précepteur n'était pas des
plus faciles. Celse-Bénigne n'avait pas tardé à donner des
marques d'un esprit aventureux et d'un caractère indépendant.
Aussi saint François de Sales, qui avait d'abord rêvé pour le
fils de la mère de Chantal une vie tout édifiante, avait-il dû
de bonne heure réduire ses espérances :

Dieu en fera à son plaisir, il faudra que les hommes s'y accom-
modent. J'ai pensé à votre cher fils, et, connaissant son humeur, je
pense qu'il faut avoir grand soin de son esprit, afin que maintenant il se forme à la vertu ou qu'au moins il ne penche pas au vice
et, pour cela, il le faut bien recommander au bon M. Robert et lui

1. Saint François de Sales à sainte Chantal, 6 août 1606 (*OEuvres de saint
François de Sales*, XIII, 209).

faire souvent goûter le bien de la vraie sagesse par des remontrances
et recommandations de ceux qui sont vertueux [1].

Aussi la tâche devenant sans doute un peu trop rude pour
M. Robert, le jeune homme était-il confié un peu plus tard
au célèbre collège des Jésuites, dit le collège des Godrans,
à Dijon.

Tempérament ardent et impétueux, Celse-Bénigne avait un
bon cœur; nous avons vu avec quelle vivacité il avait voulu
s'opposer au départ de sa mère pour Annecy. Loin de combattre ces manifestations, loin de vouloir que le cloître étouffât
chez la mère de Chantal les sentiments de la nature, saint
François de Sales ne néglige aucune occasion de les provoquer. Reçoit-elle de bonnes nouvelles de son fils, le pieux
évêque en fait le joyeux commentaire :

Je vis dès hier la lettre du bon père et, pour ce qui me regarde,
je vous en entretiendrai la centième partie d'un quart d'heure, car
il n'y en a pas pour davantage. Mais quant à votre Celse-Bénigne,
gardez bien que vous en savouriez délicieusement tout ce qui est
dit si joliment de lui, car c'est votre enfant ; Dieu lui donnera beaucoup de grandes perfections et solides, s'il exauce mes prières...
Voilà donc la chère lettre que je vous renvoie, car je ne voudrais
pas être plus longuement dépositaire d'un écrit qui parle de Celse-
Bénigne si mignardement [2].

Tout prétexte lui est bon pour revenir sur ce sujet. Parle-
t-il à la mère de Chantal de sa patronne, sainte Françoise :
« Elle aimait bien autant son petit Baptiste que vous aimez
votre Celse-Bénigne [3]. » Mais combien ces manifestations

1. Saint François de Sales à sainte Chantal, 29 septembre 1608 (*OEuvres
de saint François de Sales*, XIV, 72).
2. Saint Francois de Sales à sainte Chantal, 9 octobre 1610 (*OEuvres de
saint François de Sales*, XIV, 353).
3. *Ibid.*, XV, 30.

deviennent plus éclatantes le jour où le jeune homme vient lui-même visiter sa mère à Annecy et régler avec elle leurs affaires de Bourgogne ; avec quelle malicieuse bonhomie le doux évêque raille la mine austère que la sainte fondatrice se croira peut-être obligée d'affecter :

Ce sera moi, si je puis, qui, le premier, vous annoncerai, ma très chère fille, l'arrivée du bien-aimé Celse-Bénigne. Il vint hier au soir tout tard et nous eûmes de la peine à le retenir de vous aller voir dans le lit où vous étiez toutes indubitablement. Que je suis marri de ne pouvoir être témoin des caresses qu'il recevra d'une mère insensible à tout ce qui est de l'amour naturel, car je crois que ce seront des caresses terriblement mortifiées. Ah! non, ma chère fille, ne soyez pas si cruelle; témoignez-lui du gré de sa venue à ce pauvre jeune Celse-Bénigne. Il ne faut pas faire ainsi, tout à coup, des si grands signes de cette mort de notre naturelle passion. Or sus, je vous irai voir, si je puis, mais sobrement, car auprès d'un objet si aimable nous ne saurions pas bonnement être visibles. Dieu soit notre tout, car l'amitié descend plus qu'elle ne monte. Je me contenterai de ne cesser point de vous chérir autant comme ma fille que vous le chérirez comme votre fils, et si, je vous défie de faire mieux que moi ce métier [1].

En 1617, Celse-Bénigne, âgé de vingt et un ans accomplis, émancipé d'âge, est mis en possession de ses biens, et, en raison de l'éloignement de sa mère, devient le chef effectif de la famille. Il intervient à ce titre dans le règlement de la succession de sa sœur Marie-Aimée, baronne de Thorens, comme dans les négociations du projet de mariage de sa sœur Françoise avec M. de Foras. C'est aussi vers ce moment qu'il paraît avoir fait à la Cour de France sa première apparition sérieuse. Sa mère, aussi désireuse de l'y voir s'y procurer un

---

1. Saint François de Sales à sainte Chantal (*OEuvres de saint François de Sales*, XVI, 37).

emploi digne de sa naissance qu'inquiète des dangers qu'il pourrait y courir, le recommande vivement à son frère, André Frémyot. Elle écrit à saint François de Sales : « Si vous pouviez écrire un mot de lettre à Mgr de Bourges en témoignage du ressentiment que vous avez du bien qu'il promet pour l'avancement de notre fils, je crois qu'il lui serait agréable et lui profiterait[1]. » Pour se ménager un accueil favorable à la Cour de Louis XIII, le jeune baron de Chantal n'avait pas seulement la recommandation de son oncle, l'appui d'un autre parent, le maréchal de Tavannes, le souvenir encore récent des services éclatants rendus par son père et son beau-père à la cause du feu roi. C'était alors, au dire de son neveu, Bussy-Rabutin :

Un des plus accomplis cavaliers de France, soit pour le corps, soit pour l'esprit, soit pour le courage. Il avait la taille la plus forte du monde. Il dansait avec une grâce sans pareille. Il faisait si bien des armes que si l'on n'eût connu qu'il était brave aux marques qu'il en avait données à l'armée, on n'en eût pas pu juger à ses combats particuliers, tant il les faisait sûrement. Il était extrêmement enjoué; il y avait un tour dans ce qu'il disait qui réjouissait les gens; mais ce n'était pas seulement par là qu'il plaisait, c'était encore par l'air et la grâce dont il disait les choses; tout jouait en lui[2].

Mais ces brillantes qualités mêmes étaient pour un jeune homme autant de causes d'entraînement. Celse-Bénigne ne sut pas résister à ces tentations. De ce premier contact avec Paris et avec la Cour, de ces dangers mortels pour le corps et pour l'âme dont la pieuse mère reçut la nouvelle au lendemain même de la mort de sa fille, Marie-Aimée, on peut juger par

1. *Œuvres de sainte Chantal*, IV, 199.
2. *Histoire généalogique de la maison de Rabutin*, par le comte de Bussy, p. 53. Dijon, 1866.

la lettre éplorée qu'elle adressait quelques jours plus tard à son
neveu, Jacques de Neuchèze :

La sainte et heureuse mort de cette chère âme me donne une
grande consolation, là où l'âme de votre cousin me donne une
affliction de désolation et en suis si infiniment touchée que je ne
sais où me tourner, sinon du côté de la souveraine Providence, et
là abîmer toutes mes volontés, renonçant même entre ses mains le
salut et l'honneur de cet enfant à demi perdu... Si je n'étais arrêtée
d'une violente fièvre quarte, je fusse déjà partie pour l'aller ôter de là
où il est. Je lui mande qu'il me vienne trouver; s'il ne le fait, je
conjure Mgr de Bourges de le faire aller à lui sous quelque prétexte et le retenir jusqu'à ce qu'il vienne à Nantua. Hélas! il le faut
aider, mon très cher neveu, je vous conjure d'aider à cela. Je ne
puis passer outre, tant les larmes m'aveuglent et la douleur de
toutes parts m'a saisie. Faites prier pour lui toutes les bonnes
âmes qui sont là et cheminent fermement dans la crainte de Dieu [1]...

La mère de Chantal n'eut de repos que lorsque son fils fut
revenu auprès d'elle. Docile, le jeune homme s'était empressé
de céder à ses instances. Son arrivée à Annecy, où il parvint
au moment d'une grave maladie de sa mère, fut célébrée
comme le retour de l'enfant prodigue : « M. le baron, son
fils, est ici, qui l'est venu voir, écrit la sœur de Châtel à la
mère de Bréchard, supérieure de la Visitation de Moulins.
Certes il fait bon le voir, il ressemble fort à M. de Thorens.
Mademoiselle de Chantal en est si en œuvre qu'elle ne le peut
quitter [2]. » Une première entrevue entre le jeune homme et
saint François de Sales n'amena point les résultats espérés par
la mère de Chantal qui écrit assez tristement au pieux évêque :

1. Sainte Chantal à M. de Neuchèze, 6 novembre 1617 (*OEuvres de sainte
Chantal*, IV, 229).
2. *OEuvres de sainte Chantal*, IV, 239.

Il ne faudrait pas traiter avec ce garçon maintenant autrement que vous le faites, mais, Dieu aidant, j'espère que son esprit se rasséréna et qu'avant qu'il parte, il vous ouvrira le chemin d'une plus cordiale familiarité pour son utilité. Hier, je ne lui parlai qu'en commun; aujourd'hui, je dois lui découvrir ses plaies. Mon très cher père, dites la sainte messe à cette intention, afin que Dieu m'assiste et lui touche le cœur; je ne pourrai m'empêcher de vous mander ce qui se sera passé. Il faut que je vous dise que c'est la façon de ce garçon de se tenir réservé vers les personnes d'autorité et de respect; néanmoins, je m'assure qu'il s'apprivoisera plus avant qu'il parte [1].

Et comme la pieuse mère n'était pas sans appréhender pour son fils la fréquentation de plusieurs de ses amis qui l'avaient accompagné dans son voyage, elle ajoutait : « Je serais bien aise que vous entreprissiez ces autres messieurs en particulier. » Parmi ces derniers figurait un cousin de Celse-Bénigne, mais il apparut bientôt que toute démarche serait inutile : « Votre baron ne me parla point de son cousin, M. de Rabutin, ni moi à lui; mais je crois qu'il ne désire pas que vous lui parliez, comme, en effet, aussi bien sera-ce chose inutile [2]. »

La mère de Chantal ne vit plus dès lors qu'un seul moyen de sauver son fils, le fixer auprès d'elle, en le mariant en Savoie ou dans une région voisine. Saint François de Sales, qui s'était déjà entremis à plusieurs reprises pour le mariage de Françoise de Rabutin, fut le négociateur tout indiqué de cette nouvelle affaire. Au cours d'un long séjour que dans les premiers mois de l'année 1618 il fit à Grenoble avec la mère de Chantal, pour y préparer la fondation d'un nou-

1. Sainte Chantal à saint François de Sales (*OEuvres de sainte Chantal*, IV, 237).

2. Saint François de Sales à sainte Chantal, janvier ou février 1618 (*OEuvres de saint François de Sales*, XVIII, 162).

veau monastère de la Visitation, un projet d'union fut ébauché, sous ses auspices, entre Celse-Bénigne et la fille d'un président au Parlement de cette ville, Huguette Liotard. Les jeunes gens paraissaient se plaire, des promesses avaient même été échangées en la présence de l'évêque, lorsque diverses difficultés s'élevèrent. Non seulement la jeune fille s'était déjà engagée envers un autre prétendant, ami du baron de Chantal, mais la dot promise, déjà peu considérable, ne pouvait être payée aussitôt. « Je serai bien marri, écrit le saint évêque, si le mariage de M. de Chantal ne réussit au gré de ceux qu'il regarde et ne m'étonne pas toutefois si la bonne madame Liotard va un peu moins rondement que nous n'avons fait de notre côté, car elle n'a pas peut-être encore bien dépouillé la robe du monde ni perdu la coutume de parler selon la sagesse du monde [1]. » Cependant, la mère de Chantal, ne pouvant se faire à l'idée de renoncer à un projet si fortement caressé, insiste auprès du saint évêque pour qu'il obtienne de l'archevêque de Bourges que celui-ci avantage son neveu à l'occasion de son mariage : « Vous demanderez donc les bagues à Mgr de Bourges, mon très bon et très cher Père, et encore qu'il assure (au mieux qu'il pourra) la pension qu'il donne à son neveu [2]. » Mais surtout qu'il s'efforce de rendre madame Liotard plus accommodante. La longue lettre que saint François de Sales écrit à ce sujet à la mère de Chantal quelques jours plus tard mérite d'être reproduite ici, car elle nous représente de la manière la plus curieuse la façon de voir et la conduite du saint évêque dans ce rôle quelque peu inattendu :

1. Saint François de Sales à sainte Chantal, 30 avril 1618 (*OEuvres de saint François de Sales*, XVIII, 205).

2. Sainte Chantal à saint François de Sales (*OEuvres de sainte Chantal*, IV, 245).

Que je suis en peine, ma très chère mère, de crainte que notre mariage, dont nous nous promettions tant de consolation, ne se rompe ; car de ne pas communiquer très clairement et sans replis toutes les difficultés qu'il y a à M. de Chantal et Mgr de Bourges, il n'y a point d'apparence ; et de les leur communiquer, il y a toute apparence que Mgr de Bourges se rebutera de voir que cette terre dont on avait parlé ne soit pas terre, mais une maison seulement ; que même on ne la veuille donner que pour après le trépas, et non aux noces ; que l'argent n'est pas exigeable pour être colloqué à propos des affaires que l'on a, et que l'on veuille tant de pompe, que deux ou trois mille écus ne suffiront pas : de sorte que rien ne demeure qui puisse bien contenter son esprit que vous connaissez, sinon la fille que tout le monde avoue être digne d'amour. Et puis, cette méthode de se défaire du gentilhomme que vous savez engendrera-t-elle pas indubitablement des querelles, puisqu'il s'est déclaré de sa prétention à M. de Chantal et à moi, à qui même il a montré l'écrit ? En somme, il arrive souvent en ce monde que les roses se convertissent en épines.

J'ai pensé que je devais écrire un mot à madame Liotard, laquelle je ne nie pas qu'elle ne me dit qu'elle ne voulait pas donner cette pièce, qu'elle appelait terre, qu'hors du contrat de mariage : quoi je me remis, comme des autres particularités, à ce qui serait avisé entre vous, comme peu expert en telles affaires. Ce sera pourtant grand dommage si ce mariage ne se fait, car à mon avis, les parties se fussent fort entr'aimées, et les parents contentés de cette aimable fille. Pour moi, je faisais compte de quinze mille écus bien revenants en argent, et quinze mille en la terre : car si elle eût été terre de cinq cents écus de revenus, elle les valait fort bien. Et néanmoins, si on fait vingt-quatre mille qui soient franchement et clairement assurés et recevables, quant à l'argent, selon la nécessité des affaires de M. de Chantal, je pense que l'on devra passer outre. C'est une belle chose que la clarté des affaires [1].

1. Saint François de Sales à sainte Chantal, 10 mai 1618 (*OEuvres de saint François de Sales*, XVIII, 220).

Cependant, saint François de Sales écrivait en même temps à madame Liotard :

Madame, j'ai su par une lettre de madame de Chantal que le désirable mariage qui fut conclu en mon logis se trouvait plein de difficultés en l'éclaircissement des articles particuliers; et je confesse que, le croyant si convenable et propre au contentement des parties et de leurs amis, je ne puis m'empêcher d'en être en peine. En suite de quoi, comme je conseille à madame de Chantal de ne point s'arrêter à la diminution des espérances que nous avions des biens, aussi vous conjuré-je, Madame, d'apporter de votre côté tout ce qui peut faciliter et rendre douce et agréable l'exécution d'une si bonne œuvre, et de prendre la méthode la plus claire et franche[1].

Madame Liotard ne se désista point de ses prétentions et les pressants besoins d'argent du baron de Chantal ne lui permirent point de se résigner à des conditions par trop modestes. Rentré en Bourgogne et de là à Paris, où seulement pouvait se décider son avenir, Celse-Bénigne ne tarda pas à donner à sa mère de nouveaux sujets d'inquiétude, sujets assez graves à en juger par la réponse que fit à ce propos saint François de Sales à la mère de Chantal :

Je suis grandement en peine de votre affliction, bien que je n'en sache pas les particularités, mais je vois bien par ce peu de paroles que vous m'écrivez que vous la sentez vivement. Ma très chère mère, cette vie mortelle est toute pleine de tels accidents et les douleurs de l'enfantement durent souvent plus que les femmes sages ne pensent... Or sus, Dieu sera le milieu de votre cœur, qui vous affermira et j'espère qu'il conduira ce fils à bon port et que vous aurez encore la consolation intérieure de le savoir[2].

---

1. Saint François de Sales à madame Liotard, 10 mai 1618 (*OEuvres de saint François de Sales*, XVIII, 222).

2. Saint François de Sales à sainte Chantal, 5 janvier 1619 (*OEuvres de saint François de Sales*, XVIII, 332).

Cette lettre, du 5 janvier 1619, est datée de Paris. Saint François de Sales venait en effet d'arriver dans cette ville, appelé par les négociations du mariage du jeune prince de Savoie, Victor-Amédée, avec une sœur de Louis XIII, Christine de France. Depuis de longues années la réputation du saint évêque n'avait cessé de grandir. Consulté par le pape sur les questions les plus importantes, pressé à plusieurs reprises par Henri IV d'accepter un des plus beaux évêchés du royaume, il ne jouissait pas d'un crédit moindre à la Cour de Turin et notamment auprès du futur duc dont il venait de procurer l'union. Celui-ci devant, à la suite de son mariage, composer sa maison, la mère de Chantal avait conçu le projet d'attacher son fils à la fortune de ce prince, et quel meilleur patron trouver pour cela que l'évêque de Genève? Elle écrit, le 2 février 1619, à madame de la Fléchère : « Mon fils m'a fait ressentir les plus sensibles douleurs que peut souffrir une mère ; la cause, je vous la dirai de bouche ; il est en Cour, tout brave, tout galant, ce dit-on, fort résolu de se bien conduire et de chercher fortune ; je désirerais qu'il la prît avec notre bon prince ; je ne sais ce qu'il fera, mon très cher père l'aidera[1]. » Saint François de Sales venait, en effet, de s'entremettre en faveur de Celse-Bénigne et il écrivait à la mère de Chantal le 19 janvier 1619 :

M. le baron de Chantal me fit presque mentir quand je vous écrivis, car il arriva céans comme j'avais envoyé la lettre, et commença fort à s'apprivoiser avec moi, mais il ne me parla point de ses affaires. Je ferai tous mes efforts pour le faire entrer au service de Mgr le Prince, et crois qu'il ne saurait mieux faire : mais ce que je crains, c'est que d'abord on ne le mettra pas en fortune, ains faudra qu'il la gagne par la sujétion et par sa vertu, bien que.

1. *OEuvres de sainte Chantal*, IV, 303.

moyennant cela, il y a apparence qu'il la fera proportionnée à
sa condition. Je lui en parlerai à la première commodité. Qui lui
pourrait persuader que la douceur et courtoisie est incomparable-
ment plus honorable que la violence et fierté, le mettrait au chemin
de faire des merveilles. Vous savez, ma très chère mère, que la
maison du Prince est un monastère et que pour chose du monde
il ne veut souffrir les désordres ; et, bien que, venant ici, il veuille
s'accommoder à la liberté du pays, si est-ce qu'il la veut vertueuse.
Somme toute, je ferai tout mon pouvoir pour le fils de ma très
chère mère, le frère de ma très chère sœur, et le neveu d'un tel
oncle qui m'en écrit [1].

Deux jours plus tard, l'évêque de Genève écrivait encore à
la mère de Chantal : « J'ai déjà parlé à monsieur notre prince
cardinal [2] pour favoriser l'entrée de M. le baron de Chantal au
service de monsieur son frère ; il m'a promis de s'y employer.
J'en parlerai où il faudra et ferai tout ce qui sera en moi. »

Un moment on put croire que le jeune homme avait enfin
trouvé sa voie : « L'on me dit que mon fils prend le frein aux
dents, écrit la mère de Chantal, et qu'il y a apparence que
Dieu l'assistera [3]. » Mais Celse-Bénigne estima-t-il trop rigou-
reuses les exigences de l'emploi qu'on lui destinait ou fut-il
effrayé par la perspective de s'exiler d'une manière définitive
de la Cour de France ? Quoi qu'il en soit, aucune suite ne paraît
avoir été donnée à ce projet. Le voyage de l'évêque de Genève
à Paris ne fut pourtant pas sans conséquences pour le baron de
Chantal. La Visitation comptait déjà des maisons dans de
nombreuses villes de France, à Lyon, à Saint-Étienne, à Moulins, à Bourges, à Grenoble. Pressé de divers côtés d'établir

1. *OEuvres de saint François de Sales*, XVIII, 348.
2. Le cardinal Maurice de Savoie.
3. Sainte Chantal à la mère de Bréchard, 27 février 1619 (*OEuvres de sainte
Chantal*, IV, 312).

à Paris un nouveau monastère, saint François de Sales ne
résista pas à ces instances, bien que, dit-il, « ce fut un coup
de hasard et pis que cela ». Mais pour une œuvre aussi importante la présence de la sainte fondatrice était nécessaire. En
déférant au désir de l'évêque de Genève, il est permis de
supposer que la mère de Chantal ne saisit pas sans un singu-
lier empressement l'occasion qui lui était offerte de se rapprocher de son fils. On sait comment, après des débuts assez
difficiles dans une maison du faubourg Saint-Michel « sise
entre deux tripots et d'où l'on entendait jour et nuit le tinta-
marre des joueurs », le nouveau monastère, dirigé par saint
Vincent de Paul, put enfin s'établir rue Saint-Antoine, dans
une partie des dépendances de l'hôtel de Zamet. Sur ses
rapports avec son fils, pendant les trois ans que la mère de
Chantal passa à Paris, nous sommes en partie renseignés par
les confidences qu'elle adressait à ses premières compagnes de
la Visitation : « C'est pour prier et conjurer de toute mon
affection d'obtenir pour moi de nos sœurs qu'elles prient
fermement et persévéramment pour mon fils. Faites que les
plus unies à Dieu le prennent en tâche et vous particulièrement. Il est bon et a de bons mouvements, mais la jeunesse
l'emporte. Je crois que Notre Seigneur le prépare à quelques
grosses croix ; sa bonté lui fasse la grâce de les recevoir comme
il faut[1]. » Souvent, du reste, il convient de l'ajouter, Celse-
Bénigne allait lui-même au-devant de ces croix. Il avait hérité
de l'humeur batailleuse des Rabutin. A un moment où les
mesures les plus sévères étaient prises contre le duel, où le
cardinal de Richelieu, par des exemples impitoyables, avait
manifesté sa volonté d'y mettre fin, le baron de Chantal, non

---

1. Sainte Chantal à la mère de Châtel, supérieure à Grenoble, 15 juin
1619 (*OEuvres de sainte Chantal*, IV, 326).

content d'afficher ses relations avec les plus fameux duellistes,
ne laissait échapper aucune occasion de se battre. C'est vers
ce temps, sans doute, qu'on doit placer sa rencontre avec son
cousin, Coligny-Saligny, contre lequel, s'il faut en croire Bussy-
Rabutin, il n'avait « d'autre sujet de se battre qu'une anti-
pathie naturelle dont on ne peut attribuer la cause qu'à l'envie
réciproque de leur réputation... Ils tirèrent l'épée, seul à seul,
au bois de Boulogne, et Chantal ayant eu avantage, Saligny
n'en convint pas un moment après le combat. Ils recommen-
cèrent donc à se battre, et Saligny ayant été désarmé, cette
fois Chantal ne lui voulut rendre son épée qu'à la Muette,
chez Boier-Bandole qui était gouverneur, devant lequel ils
convinrent de leurs faits[1]. »

Toujours prêt à combattre pour lui-même, Celse-Bénigne
n'était pas moins prompt à épouser les querelles de ses amis.
La tendresse maternelle non moins que les mœurs du temps
fournissent à la mère de Chantal les raisons les plus touchantes
pour excuser ces sortes de rencontres. Quelques semaines à
peine avant le mariage de sa fille Françoise avec le comte de
Toulongeon, elle écrit à la mère de Bréchard, supérieure de
la Visitation de Moulins :

Je crois bien, ma très chère sœur, que vous avez grandement été
touchée de l'accident qui est arrivé à mon fils, car vous avez un
cœur si abondant en dilection pour moi qu'il ressent tout ce qui
me touche. Je ne vous en avais rien dit en vous écrivant parce que
je n'y pensais plus et que Dieu me fit la grâce d'être fort peu émue
de cet accident qui me fut dit assez crûment; mais, en effet, ce fut
une rencontre inopinée et en laquelle un plus sage que lui n'eût dû
refuser l'assistance et le secours à son ami maltraité, mais tout cela
selon le monde. Il n'a pas laissé d'en être en peine, sans incommo-

---

1. *Histoire généalogique de la maison de Rabutin*, par le comte de Bussy,
p. 54.

dité toutefois, et tout cela est accordé. Le bon gentilhomme que les sergents voulaient amener fut fort blessé et n'est pas encore guéri; mais, grâce à Dieu, tout le reste est sur pied. Vos prières ne lui seront pas inutiles, il en a besoin[1].

En même temps qu'elle se tenait au courant des aventures de son fils, la mère de Chantal continuait de s'occuper de ses intérêts. C'est dans ce même grand parloir de la Visitation de la rue Saint-Antoine où se débattaient les affaires de la nouvelle communauté, où se signaient les contrats de profession des nouvelles religieuses, que le 28 mars 1620, ne pouvant se rendre en Bourgogne pour assister au mariage de sa fille Françoise avec le comte de Toulongeon, elle donnait pouvoir à Celse-Bénigne pour la représenter en cette occasion, « consentir et accorder le mariage en face de notre mère catholique, apostolique et romaine, et, pour parvenir audit mariage, en passer contrat par-devant notaire ou autres personnes publiques en la présence des parents et amis de part et d'autre, suivant et conformément aux articles et conventions accordés[2] ». C'est là aussi qu'elle avisait avec lui aux moyens de régler au mieux les affaires de la famille. La tâche n'était pas des plus aisées. Des grandes dépenses qu'ils avaient faites pour soutenir la cause royale en Bourgogne pendant les guerres de la Ligue, le président Frémyot et le baron Christophe de Chantal n'avaient guère reçu d'autre récompense que les belles lettres par lesquelles les rois Henri III et Henri IV rendaient hommage à leur loyalisme et reconnaissaient en termes éloquents l'importance des services rendus[3]. Devenue veuve,

---

1. Sainte Chantal à la mère de Bréchard, 12 mars 1620 (*OEuvres de sainte Chantal*, IV, 385).

2. Acte reçu par Me Thibert, notaire à Paris.

3. *Histoire généalogique de la maison de Rabutin*, par le comte de Bussy, pp. 48-49; *Histoire de Bourbilly*, par M. le comte de Franqueville.

madame de Chantal avait eu à se débattre au milieu de difficultés de toutes sortes. Non seulement les revenus des principales terres de la famille, Bourbilly, Montelon, Sauvigny, se trouvaient engagés pour plusieurs années, mais elle avait dû, pour parer aux réclamations les plus urgentes, contracter de nombreux emprunts[1]. Nous avons vu que, pendant les premières années de la Visitation, elle avait été obligée à diverses reprises de quitter Annecy pour aller mettre ordre à ses affaires de Bourgogne : « Tenez-vous bien à Jésus-Christ, à Notre-Dame et à votre bon ange en toutes vos affaires, lui écrivait en cette occasion saint François de Sales, afin que la multiplicité d'icelles ne vous trouble point et que leur difficulté ne vous étonne point[2]. » Lors du mariage de sa fille Marie-Aimée avec le jeune frère de saint François de Sales, le baron de Thorens, ce n'est qu'avec peine qu'elle put réunir les dix mille livres de dot promises par le contrat[3].

Mais la situation se compliqua singulièrement le jour où

1. Parmi ces obligations, plusieurs n'étaient pas encore acquittées en 1623, lors du mariage de Celse-Bénigne, et ne le furent qu'après la mort de celui-ci, par les soins de son oncle l'archevêque de Bourges, notamment une rente de cent livres constituée à Claude Bretagne, conseiller au Parlement de Bourgogne, le 9 décembre 1608, une autre rente de 56 livres 5 sols, constituée le même jour à Jacques Valon, conseiller au même Parlement; une autre rente de 112 livres 10 sols constituée à Guillaume le Pin, maître ordinaire en la chambre des Comptes de Dijon le 9 décembre 1608, et une autre rente de 180 livres 10 sols constituée à Jean Cartelot, avocat à Autun, le 19 juillet 1609. (Actes reçus par Me Vautheron, notaire à Dijon, et Me Goujon, notaire à Autun.)

2. Saint François de Sales à sainte Chantal, 10 septembre 1611 (*OEuvres de saint François de Sales*, XV, 98).

3. Le mariage avait eu lieu le 13 octobre 1609 et saint François de Sales écrivait à madame de Chantal, le 11 mars 1610 : « Mon frère vous écrit pour le sujet du reste de la dot de ma sœur. Si cela se peut, je n'y vois nul inconvénient, car enfin vous auriez votre argent ici... et cette dot serait payée qu'il faut aussi bien payer une fois, mais je laisse cela à votre providence » (*OEuvres de saint François de Sales*, XIV, 263).

Celse-Bénigne, devenu majeur, eut la libre disposition de ses biens : « Mon fils dépense excessivement », écrivait la mère de Chantal à madame de la Fléchère[1]. De cette affirmation on trouverait, s'il était nécessaire, une éclatante confirmation dans les nombreux actes qui nous ont été conservés de Celse-Bénigne pendant cette période. En Bourgogne comme à Paris, il multiplie les emprunts sous toutes les formes, obligations, constitutions de rentes, billets à des fournisseurs impayés. Ses créanciers comme ses répondants sont aussi des plus variés. Ce ne sont pas seulement des parents ou des amis de la famille, comme Marie Frémyot, sa tante, femme de François Blondeau, conseiller au Parlement de Bourgogne, son cousin Léonor de Rabutin, père de Bussy-Rabutin, son oncle Charles des Barres, trésorier de France en la généralité de Bourgogne, Bernard le Goux, seigneur du Gurgy, Jacques de Cossay, seigneur de Beauvoir, Hugues Rigollet, avocat au Parlement de Bourgogne ; ce sont aussi de modestes bourgeois ou gens d'affaires : Claude Cannabelin, marchand bourgeois de Dijon, Claude Guiet, maître tailleur d'habits à Dijon, Jean Wilz, Jacques Sturbe, Edme Penillon, marchands bourgeois de Paris, Antoine Daniel, dit Provençal, et Le Hougre, maîtres tailleurs d'habits à Paris[2].

Bien que gémissant de ces dépenses excessives, la mère de Chantal ne laisse pas de s'y résigner. Parfois même, pour faciliter les affaires de son fils, elle lui apporte le concours de sa signature[3]. Les résultats n'en étaient pas moins de causer dans

---

1. *OEuvres de sainte Chantal*, I V, 595.

2. Actes reçus de 1617 à 1623 par Mes Huissier, Grazilier, Gélyot, Béruchot et Vautheron, notaires à Dijon et par Mes de Troyes, Delacroix, Le Semelier, Quatrevaux, Jutet, Anceaume et Contesse, notaires à Paris.

3. Le 4 juin 1621, Jean Coulon, procureur fiscal de la terre et justice de Bourbilly, agissant au nom de madame de Chantal, constitue à Charles des

toute la famille une véritable détresse financière. En 1620,
lors du mariage de Françoise, il fallut, pour constituer la dot
pourtant modeste promise à la jeune fille, mettre en vente une
ancienne terre de la famille[1] ; quelques mois plus tard, la mère
de Chantal, envoyant à sa fille une belle robe de la part de
Celse-Bénigne, était obligée d'ajouter : « Ma très chère fille,
voilà un habit tout complet des plus beaux et des plus riches
qui se puissent faire. Si votre frère était bien riche, il eût fort
désiré d'accomplir (acquitter) votre mémoire, mais il vous
supplie de vous contenter de sa bonne volonté, puisqu'il ne
peut davantage[2]. » On comprend mieux dans ces conditions
la joie empressée avec laquelle la mère de Chantal se réjouit
du riche mariage de sa fille. On comprend mieux aussi l'activité inquiète avec laquelle elle se préoccupe de la situation de
son fils, se rappelant à l'occasion, malgré son éloignement, aux
bons offices de saint François de Sales : « Je vous remercie
beaucoup de la charité que vous faites à mes enfants ; j'avais
besoin d'être soulagée et aidée dans cette charge ; je me contente de leur avoir acquis le bien et le trésor de votre sainte
assistance devant Dieu[3]. »

Tant d'efforts reçurent enfin leur récompense. Avant de
quitter Paris, la mère de Chantal eut la satisfaction de voir
Celse-Bénigne obtenir enfin une charge à la Cour. « Mon fils,

Barres, trésorier de France en la généralité de Bourgogne, une rente de
293 livres 15 sols de rente pour un capital de 4 700 livres, déclarant que cette
somme était destinée, partie à payer les frais d'un procès relatif à la seigneurie de Montelon et partie à payer des dettes de Celse-Bénigne. Le
16 juin suivant, cet acte était ratifié par la mère de Chantal dans le grand
parloir de la Visitation de la rue Saint-Antoine. (Actes reçus par Mᵉ Gélyot,
notaire à Dijon, et par Mᶜ Thibert, notaire à Paris.)

1. Sainte Chantal à Françoise de Rabutin, 13 avril 1620 (*OEuvres de
sainte Chantal*, IV, 401).

2. *OEuvres de sainte Chantal*, IV, 596.

3. *Ibid.*, IV, 383.

écrit-elle à madame de la Fléchère en 1621, est brave, aimé et estimé en cette Cour où le roi lui a donné une charge fort honorable à son âge... Il est ici, je veux dire toujours avec la Cour ou sa garnison [1]. »

1. *OEuvres de sainte Chantal*, IV, 595.

RABUTIN ET COULANGES. — LE MARIAGE DU BARON
DE CHANTAL. — LES COULANGES

Au moment, en effet, où la mère de Chantal se préparait
à regagner Annecy, au moment où saint François de Sales
éprouvait les premières atteintes du mal qui devait l'emporter
quelques mois plus tard, l'oncle du jeune baron de Chantal,
André Frémyot, obligé de résigner son archevêché de Bourges,
venait établir d'une manière définitive sa résidence à Paris et,
après d'assez laborieuses négociations, fixait la carrière de
Celse-Bénigne en obtenant pour lui la main d'une des plus
riches héritières de Paris, Marie de Coulanges. Quelle était
cette famille de Coulanges, la veille encore inconnue et dont
la première entrée dans la société se marquait par une alliance
avec la vieille et altière maison des Rabutin, c'est ce qu'il
n'est peut-être pas sans intérêt de rechercher.

La famille de Coulanges nous est beaucoup moins connue
que celle des Rabutin. Bussy, qui s'étend avec tant de complai-
sance sur les faits et gestes de sa race, lorsqu'il en vient à
parler de la famille maternelle de sa cousine, se borne à dire que

le grand-père de celle-ci, Philippe de Coulanges, était « un des meilleurs et des plus honnêtes gens de son temps ». Une autre fois, il lui échappe d'écrire que « les Coulanges étaient des gens qui savent ce qu'est la faim et se souviennent encore de leur pauvreté ». Si on ajoute à cela une phrase de Conrart rappelant que Philippe de Coulanges avait été fermier des gabelles, on aura à peu près tout ce que les contemporains nous ont dit sur les origines de cette famille. Cette histoire des Coulanges, pour laquelle d'abondants documents inédits nous fournissent tout un ensemble de faits nouveaux, mérite pourtant d'être contée avec certains détails. Elle ne touche pas seulement de très près à l'histoire de madame de Sévigné, elle est aussi un merveilleux exemple de la rapidité avec laquelle, aidée par les circonstances, une famille de l'ancien régime pouvait se transformer et s'élever dans l'échelle sociale.

Un premier fait ne paraît pas douteux : les Coulanges, de même que nombre de personnages de ce temps qui eurent une fortune particulièrement rapide, étaient originaires de l'Auvergne. Un Jean de Coulanges, seigneur de la Mothe et de Lolière, est lieutenant général pour le Roi en la sénéchaussée d'Auvergne en 1526 et 1532[1]. Un autre, Pierre de Coulanges, bailli de Tours et de Mesmont en Auvergne, dans lequel il semble bien qu'il faille voir un ascendant direct de madame de Sévigné, épousa en 1512 Antoinette du Clos; il eut, entre beaucoup d'autres enfants, Gabriel de Coulanges qui fut précepteur du duc d'Atri, puis valet de chambre du roi Charles IX et fut tué, à Paris, le jour de la Saint-Barthélemy, ayant été pris pour huguenot, et Claude de Coulanges qui, venu également à Paris, y fut procureur au Parlement et y épousa en 1564 Madeleine Aguesseau, fille d'un avocat au

---

1. Bibl. nat. Manuscrits, Pièces orig., art. *Coulanges*.

Parlement. De ce dernier mariage naquit Philippe de Coulanges, grand-père de madame de Sévigné[1].

Un bailli en Auvergne, un procureur au Parlement de Paris, tels sont donc les deux premiers ancêtres connus de madame de Sévigné dans la ligne maternelle. Ils suffisent amplement à venger les Coulanges du reproche de pauvreté que leur adressa Bussy-Rabutin dans un moment d'humeur. Mais il est vrai de dire, cependant, que c'est avec Philippe de Coulanges que commence véritablement la fortune de la famille. Son père étant mort prématurément, sa mère avait épousé en secondes noces un banquier florentin, établi à Paris, Barthélémy Lanchizi ou de Lanchize et en troisièmes noces, à la mort de celui-ci, Jacques de Bèze, trésorier de l'Extraordinaire des Guerres en Picardie. Ce dernier avait eu lui-même d'une première femme, Catherine Aubert, dame de Montaleau, une fille, Marie de Bèze. Philippe de Coulanges épousa en 1594 Marie de Bèze et succéda en même temps à son beau-père dans sa charge. Le métier n'était pas toujours sans danger. En 1595, pendant que Philippe de Coulanges était à Amiens pour y faire le payement des gens de guerre, logé en la maison de messire Jean Aguesseau, trésorier général des finances, la ville fut surprise par les Espagnols, « la maison dudit Aguesseau saisie par les soldats du régiment de don Alfonse de Mandesse et ledit de Coulanges retenu prisonnier, ses chevaux et hardes butinés » et les sommes dont il était encore porteur saisies par les ennemis. Une fois remis en liberté, il fallut un arrêt de la Chambre des Comptes, rendu à la suite d'une sévère enquête, pour tenir M. de Coulanges quitte et déchargé de ces sommes[2]. — Lorsque la conversion de Henri IV et plus tard

----

1. Bibl. nat. Mss. *Dossiers bleus*, vol. 201, art. *Coulanges*.
2. Arch. nat. P. 2338.

le traité de Vervins avec l'Espagne eurent ramené la paix dans
l'intérieur du royaume et sur les frontières, Philippe de Coulanges chercha un nouveau théâtre à son activité. Le 25 juillet 1601, il donna pouvoir pour résigner son office de trésorier de l'Extraordinaire des Guerres en Picardie, en faveur de
M. Chastelain, secrétaire de la chambre du Roi ; à la fin de
cette même année, il prend, conjointement avec un sieur Jean
Goday, la ferme des nouvelles impositions de Normandie[1].
On le trouve désormais dans toutes les grandes entreprises
d'impositions. En 1605, il est en compétition avec plusieurs
concurrents pour obtenir la ferme de la gabelle et la ferme des
aides. Un mémoire qu'il adressa alors au Conseil du Roi
s'élève avec vivacité contre la prétention de ses adversaires de
vouloir réunir ensemble les deux fermes. Il prétend que « leurs
offres sont captieuses, dommageables au roi et au public, que
les parties du sel et des aydes n'ont rien de commun l'un avec
l'autre... qu'il a des associés en l'un qui ne sont aucunement
intéressés en l'autre[2] ». Ce fut cette fois l'un de ses concurrents,
le sieur Robin, qui l'emporta. En 1610, Henri IV ayant résolu
de rassembler une armée sur la Meuse à l'occasion de la succession des duchés de Clèves et de Juliers qui s'était ouverte
l'année précédente et menaçait de mettre à feu toute l'Allemagne, Philippe de Coulanges, associé avec un bourgeois de
Paris, Claude Barbin, prend l'entreprise de fournir de pain
toute l'armée, à raison de cinquante mille pains par jour,
pendant une durée de trois mois[3]. En 1617, il entre enfin
d'une manière définitive et sous son propre nom dans la ferme
des gabelles.

Pour le régime de la gabelle ou impôt sur le sel, à l'excep-

1. Acte du 27 décembre 1601, reçu par M° Herbin, notaire à Paris.
2. Bibl. nat. Mss. fr. 10843, fol. 88.
3. F. de Mallevoüe, *Les Actes de Sully passés au nom du Roi*, p 17.

tion de certaines régions privilégiées qui en étaient exemptes
ou s'en étaient rachetées, la France était, comme on le sait,
divisée en pays de grande gabelle, où chaque famille était
contrainte d'acheter une quantité de sel déterminée et qui
comprenaient les généralités de Paris, Orléans, Tours,
Bourges, Moulins, Dijon, Châlons, Soissons, Amiens, Rouen,
Caen et Alençon, et en pays de petite gabelle, le Languedoc,
le Lyonnais, la Provence et le Dauphiné où chacun pouvait
acheter seulement la quantité de sel qui lui était suffisante,
à la seule condition de se pourvoir aux greniers de la ferme.
Le 7 mai 1616, la ferme générale des grandes gabelles avait
été adjugée à Jean Dagoune, élu à Saintes, pour une période
de sept années, moyennant une redevance annuelle de
5765160 livres. Quelques mois plus tard, Dagoune, usant
d'une clause de son contrat, en vertu de laquelle il « pouvait
associer qui bon lui semblera au présent bail », avait, par un
contrat de sous-ferme, cédé à Jean Moisset, conseiller et
secrétaire du Roi, moyennant une somme annuelle de
3178000 livres la plus grande partie de son bail, c'est-à-dire
« le fournissement des greniers et chambres à sel étant en
l'étendue des généralités de Rouen, Caen, Tours, Orléans,
Bourges et Moulins ». Usant de la même faculté, Jean Moisset, par acte passé à Paris le 10 février 1617, cédait à son tour
le même bail à Philippe de Coulanges qui s'était associé en la
circonstance à Pierre Jacquet, receveur et payeur des rentes en
Normandie, et à Théodore Bazin, trésorier provincial à Metz.
La nouvelle entreprise embrassait donc la levée de la gabelle
dans près de la moitié de la France et pour une redevance
représentant chaque année une valeur de plus de quinze millions de nos jours. En 1623, M. de Coulanges, seul cette fois,
y ajoutait la ferme de la gabelle du Languedoc, adjugée le
11 février, pour une redevance de 1020000 livres, à Fran-

çois Le Breton, secrétaire de la Chambre du Roi, mais au sujet de laquelle ce dernier déclarait, par acte du 6 avril suivant, que ladite ferme appartenait à Philippe de Coulanges « auquel sieur de Coulanges icelui Le Breton n'a fait seulement que prêter son nom pour lui faire plaisir et faciliter ses affaires[1] ».

On sait quelle vaste organisation présidait à la levée de cet impôt, les difficultés qui s'y rencontraient et le grand rôle que jouèrent de tout temps les contrebandiers et les faux sauniers. M. de Coulanges pouvait, aux termes de son bail, « faire faire défenses par affiches et cris publics par tous les lieux, villes et villages dépendant de ladite ferme de n'user d'autre sel que celui de la ferme ; ... commettre à ses dépens tel nombre de gardes à pied et à cheval que bon lui semblera... pour la sûreté desquels gardes construire des maisons pour la retraite d'iceux... porter, lui, ses associés et commis, bâtons et armes à feu dedans les limites de sa ferme pour la défense des droits d'icelle et de leurs personnes même[2] ». Aux obstacles qui de tout temps se sont opposés à la levée d'une imposition aussi impopulaire s'ajoutaient encore à ce moment les troubles causés dans plusieurs provinces, et notamment en Languedoc, par les guerres civiles et religieuses.

Ce champ d'opérations, si vaste fût-il, ne suffisait point cependant à l'activité de M. de Coulanges. En même temps que la ferme des gabelles, c'est-à-dire la charge de fournir et de vendre le sel aux greniers du royaume dans des conditions déterminées, il prenait avec ses mêmes associés, suivant un arrêt du Conseil du 30 août 1618, le bail de « tous les offices de receveurs collecteurs de l'impôt du sel des généralités de Tours, Bourges, Moulins, Orléans, Rouen et Caen ». En 1623,

1. Acte reçu par M⁰ Vigeon, notaire à Paris.
2. Baux des gabelles de France, 1601-1624 (Bibl. nat. Impr. L[87]).

il achète de même « tous les nouveaux offices créés par édit
du mois de juin 1622 ès greniers des gabelles du Languedoc ».
En 1624, le Trésor royal ayant contracté avec les capitouls
de la ville de Toulouse un emprunt de 1 848 000 livres gagé
sur les gabelles moyennant 127 000 livres de rente, c'est
Philippe de Coulanges qui se charge de cette opération, messire Adrien du Pin, bourgeois de Paris, à qui elle avait été
confiée par arrêt du Conseil du 30 décembre 1623, ayant
déclaré, par acte du 30 mars suivant, que le tout avait été
« pour et au profit de noble homme Philippe de Coulanges...
et que ce que ledit du Pin a fait et a été mis sous son nom n'a
été seulement que pour l'accommodation des affaires dudit
sieur de Coulanges [1] ». Et pendant les années suivantes, c'est
de même toute une nouvelle série d'offices, offices de gabelles
ou de justice, dont on voit M. de Coulanges se rendre adju-
dicataire, offices de lieutenant aux greniers à sel de Sainte-
Menehould, de Bourges, de Lagny, offices de receveurs géné-
raux héréditaires des gabelles en Languedoc, offices de garde-
contrôleur des grandes et petites mesures à sel du grenier de
Decize, greffes des élections de Pont-l'Évêque et de Dom-
front, etc. Parmi ces offices, les uns correspondaient à des
besoins réels et avaient pour objet d'assurer le fonctionnement d'un service important, les autres et la plus grande
partie créés un jour, supprimés le lendemain, et qui furent
l'un des abus dont souffrit le plus l'ancien régime, n'étaient
qu'un procédé fiscal employé par un Trésor aux abois pour
se procurer des ressources. On devine sans peine les bénéfices
que pouvaient retirer de ces opérations de puissants financiers
qui, disposant toujours de fonds considérables, achetaient
ces charges au plus bas prix, se réservant la faculté de les

1. Acte passé devant Me Vigeon, notaire à Paris.

vendre ou de les louer ensuite aux conditions les plus avanta-
geuses. Philippe de Coulanges ne manqua pas d'exploiter
comme il convient cette nouvelle source de bénéfices. Lorsque
plus tard il mariera ses enfants, on trouvera dans leur dot, à
côté de sommes importantes en or, argent et espèces monnayées,
un ou plusieurs de ces offices de gabelles. Et, dans l'héritage
de sa mère, madame de Sévigné en recevra plusieurs.

Ce que fut pendant cette période l'activité de M. de Coulanges, les nombreux actes passés par lui chez ses divers
notaires permettent de s'en rendre compte : pouvoirs donnés
à de nombreux commis, ventes et achats d'offices de toutes
sortes, contestations et procès nés des nombreux différends
que suscitait la levée des gabelles. Aidé de son fils aîné, Philippe de Coulanges, qui fut d'abord son associé, il est accompagné par lui dans ses perpétuels déplacements; on les voit
successivement à Rouen, à Lyon, à Toulouse, à Montpellier.
Sa femme, Marie de Bèze, est aussi associée à ces opérations;
elle signe avec lui les actes dans lesquels se trouvent engagés
les intérêts de la communauté, et même se substitue à lui et
traite en son nom, pendant son absence, les affaires les plus
importantes. Dans la seule année 1624, pendant les séjours
qu'il doit faire dans le Midi pour la levée des gabelles en
Languedoc et la réalisation de l'emprunt contracté par le
Trésor Royal avec la ville de Toulouse, opérations qui l'obligeaient à réunir des sommes considérables, il donne pouvoir
à sa femme d'emprunter d'abord 50 000, puis 200 000 livres.
— Les mêmes actes nous montrent aussi l'accroissement
rapide de la fortune de la famille s'accusant par les signes les
moins équivoques : construction d'un hôtel à Paris, construction d'une vaste maison de campagne dans les environs de la
capitale, mariages avantageux des enfants et constitution en
leur faveur de dots de plus en plus importantes.

Philippe de Coulanges avait d'abord habité à Paris, rue de Bracque, puis rue Saint-Antoine[1] ; on le trouve vers le même temps possesseur d'une maison sise rue des Batoirs, paroisse Saint-Côme[2]. Des lettres patentes du mois de juillet 1605 ayant ordonné la création de la Place Royale, aujourd'hui Place des Vosges, il acquérait dès l'année suivante des premiers adjudicataires plusieurs terrains correspondant assez exactement au n° 11 *bis* actuel de la rue de Birague et au n° 1 *bis* de la place des Vosges, et sur cet emplacement il faisait construire peu après l'hôtel dans lequel devait naître vingt ans plus tard mademoiselle de Chantal[3]. Lorsqu'en 1637, presque au lendemain de la mort de Philippe de Coulanges, ses enfants décidèrent la vente de cet hôtel et de ses dépendances, le tout fut d'abord adjugé par licitation à Philippe de Coulanges, son fils aîné, pour la somme de 90 000 livres[4].

C'est peu de temps après la construction de cet hôtel qu'il s'était fait bâtir, à la campagne, à quelques lieues de Paris, une habitation non moins confortable. M. Marcel Poëte a rappelé récemment comment, à cette époque, les étrangers qui venaient à Paris étaient émerveillés de la quantité de maisons de plaisance qu'ils rencontraient sur leur chemin plusieurs lieues avant d'arriver, et l'aspect riche et plaisant que présentait le paysage, « bourgs imposants, villages coquets, nombreux châteaux dans un décor de jardins, de vergers et d'étangs[5] ». Le rêve de tout Parisien devenu riche était d'avoir dans la

---

1. Actes passés devant M⁰ Herbin, notaire à Paris, années 1601-1606.

2. *Ibid.*

3. F. de Mallevoue. *Les Actes de Sully passés au nom du Roi*, pp. 28-33, et *Bulletin de la Société de l'Histoire de Paris*, mars-avril 1882 ; L. Lambeau, *La Place Royale*.

4. Acte reçu par M⁰ Bruneau, notaire à Paris.

5. *Le Paris de Henri IV et de Louis XIII* (*Revue de Paris*, n⁰ du 1ᵉʳ mai 1912).

campagne voisine une de ces maisons. Vers la même époque,
Savinien de Cyrano, le grand-père de Cyrano de Bergerac,
avait acquis Mauvières et Bergerac dans la vallée de Chevreuse.
C'est sur le joli village de Sucy-en-Brie, au revers d'une col-
line gracieusement étagée dominant la vallée de la Marne,
que M. de Coulanges fixa son choix. Depuis longtemps déjà,
conjointement avec son beau-père, Jacques de Bèze, il y avait
acheté de nombreux terrains, et y avait construit une maison
avec de vastes dépendances. Mais ce domaine, si agréable
fût-il, n'était encore que roturier. En 1621, M. de Coulanges
s'adressait à l'un des seigneurs du pays, Charles Payot,
seigneur de La Tour, conseiller et trésorier général de la
Maison du Roi, qui, moyennant une redevance annuelle,
réunissait en un fief ces biens épars sous le nom de fief de
Montaleau. L'investiture se fit, suivant l'usage, par acte notarié.

Par-devant Guillaume Duchesne et Pierre Viard, notaires garde-
notes du Roi, notre sire, en son Châtelet de Paris soussignés, fut présent en sa personne noble homme messire Charles Payot, seigneur
du fief, terre et seigneurie de La Tour, sis au bourg de Sucy-en-
Brie, conseiller et trésorier général de la Maison du Roi, demeurant
à Paris, rue de la Cerisaie, paroisse Saint Paul, lequel, à la requête
et prière de noble homme messire Philippe de Coulanges, conseiller et
secrétaire du Roi, maison et couronne de France, et de damoiselle
Marie de Bèze, sa femme... pour lui faire plaisir, a, de son bon
gré, pure, franche et libre volonté, fieffé et érigé en fief, c'est
assavoir une grande maison bâtie de neuf, de treize toises de face et
couverte d'ardoise, jardin sur le derrière... laquelle grande maison,
bâtiment, cour, jardin, grand enclos en bas d'icelui et leurs appartenances sont en la censive dudit sieur Payot à cause du susdit fief,
terre et seigneurie de La Tour, dans laquelle maison, bâtiments,
clôtures et appartenances susdites ledit sieur de Coulanges pourra
faire construire colombier à pied, si bon lui semble, et avoir droit de
justice moyenne et basse jusqu'à huit sols parisis... lequel fief sera

dorénavant appelé le fief de Montaleau, tenu et mouvant en plein
fief à une seule foi et hommage dudit sieur Payot, ses hoirs et ayant
cause à l'avenir à cause de ladite terre et seigneurie de La Tour, à
charge de payer les droits et devoirs seigneuriaux et féodaux quand
le cas y écherra, et a ledit Payot, suivant ladite coutume, reçu et
reçoit par ces présentes ledit sieur de Coulanges en foi et hommage
dudit fief de Montaleau présentement érigé en fief après qu'il lui a
fait le serment en tel cas requis et accoutumé[1].

Deux ans plus tard, une nouvelle consécration allait être
donnée à la personne de Philippe de Coulanges et à sa famille
par le mariage qui, le 14 mai 1623, unit sa fille aînée au
représentant d'une des plus vieilles familles du royaume.

Que la grosse fortune amassée par Philippe de Coulanges
ait eu une part notable d'influence sur le mariage de sa fille
avec le baron de Chantal, c'est ce que la grande distance qui,
dans l'échelle sociale, séparait les deux maisons, ne permet
guère de mettre en doute. Plusieurs circonstances expliquent
d'ailleurs les rapports qui, depuis longtemps déjà, avaient pu
s'établir entre les deux familles. Dès l'année 1619, quelques
mois à peine après l'établissement du premier monastère de la
Visitation à Paris, une cousine germaine de la future baronne
de Chantal, Jacqueline Petit, fille de feu Guillaume Petit,
écuyer, sieur de Levilliers, et d'Antoinette de Coulanges, avait
sollicité la faveur d'être admise dans le nouveau monastère[2].
Deux ans plus tard, en 1621, celui-ci se transportait au coin

1. Acte reçu par Me Viard, notaire à Paris; Arch. nat. Y 15, fol. 36.
2. Le contrat de profession passé entre les religieuses de la Visitation et
Antoinette de Coulanges, agissant au nom de sa fille, est du 19 août 1619.
Il y est stipulé entre autres choses : « Pour que ladite damoiselle Petit ne
soit à l'avenir à charge et oppression audit couvent, a ladite damoiselle de
Coulanges promis et promet de fournir à ses dépens ses meubles, habits,
linges et autres commodités qui seront nécessaires à ladite damoiselle Petit
pour sa vêture et profession et outre bailler et donner audit couvent la
somme de 1912 livres 17 sols » (Acte reçu par Me Thibert, notaire à Paris).

de la rue Saint-Antoine et de la rue du Petit-Musc, c'est-à-dire dans le voisinage immédiat de l'hôtel de Coulanges sis place Royale. Enfin, en cette même année 1621, c'est dans un hôtel de cette même place Royale que venait résider l'oncle du jeune baron de Chantal, André Frémyot, archevêque de Bourges, lequel, en l'absence de la mère de Chantal, rentrée au monastère d'Annecy, paraît avoir joué le principal rôle dans les négociations du mariage.

A plusieurs reprises déjà, nous avons eu l'occasion de mentionner ce personnage. Docile comme un enfant aux inspirations et aux conseils de saint François de Sales, plein de vénération pour sa sœur dont il ne cessait de proclamer la sainteté en des termes qui blessaient la modestie de la mère de Chantal, André Frémyot mérite d'avoir sa place à côté des deux fondateurs de la Visitation. Il avait donné son consentement au départ de sa sœur pour Annecy, il était intervenu à la Cour en faveur de l'ordre naissant et il avait aidé de toutes ses forces à l'établissement à Bourges d'un monastère de la Visitation. Il avait aussi dès la première heure témoigné le plus vif intérêt aux enfants de madame de Chantal, se chargeant du soin de l'éducation de Celse-Bénigne à la mort du président Frémyot et intervenant dans les négociations du mariage de Françoise. Les sentiments de loyalisme qu'il avait hérités de son père lui avaient fait, dans son diocèse, prendre parti contre le prince de Condé, lorsqu'en 1616 celui-ci s'était révolté contre l'autorité royale. Aussi, lorsque le prince de Condé rentra en faveur quelques années plus tard, mit-il pour condition à sa paix la disgrâce de son ancien ennemi. Contraint de résigner son archevêché, Mgr Frémyot accepta le coup sans protestation. La mère de Chantal écrivait à ce sujet à saint François de Sales au mois d'août 1621 : « Priez bien Dieu pour Mgr de Bourges... Je crois que cet orage se convertira à la gloire de Dieu... Il ne se peut dire l'affection que tous ceux de Bourges portent à notre bon archevêque qui a ressenti ce coup, mais dans sa bonté ordinaire. Vous le connaissez. Croyez que cela fera bien du tort aux pauvres et à beaucoup de maisons religieuses où il faisait de grandes charités. » Cette disgrâce ne fut pas d'ailleurs sans compensations. Déjà abbé de Saint-Étienne de Dijon et prieur de Nantua, Mgr Frémyot recevait bientôt les abbayes de Breteuil en Picardie, de Saint-Pierre et Saint-Paul de Ferrières en Gâtinais, de Saint-Jean de Falaise et le prieuré de Saint-Denis, à Nogent-le-Rotrou. Des gros revenus qu'il tirait de ces importants bénéfices, il continua sans doute de faire bénéficier des œuvres pies, mais une part notable fut aussi consacrée à satisfaire aux besoins d'argent du baron de Chantal. Non content de lui continuer la pension qu'il lui faisait déjà depuis de nombreuses années, il s'engageait, en faveur de son mariage, à payer pour lui et en son nom, toutes les anciennes dettes de la famille, condition essentielle au yeux de M. de Coulanges, puisque, sans elle, nous apprend le contrat, ledit mariage n'aurait pas eu lieu.

C'est, d'après les anciens registres de l'église Saint-Paul, le 14 mai 1623 que fut célébré le mariage.

« Ledit jour (7 mai 1623) fut publié le premier ban d'entre messire Celse-Bénigne de Rabutin, seigneur et baron de Chantal, Bourbilly, Montelon, etc., et de damoiselle Marie de Coullanges ; le second, le 14ᵉ ; fiancés ledit jour et mariés à Sousy (Sucy) par M. l'archevêque de Bourges. »

Le même jour, 14 mai 1623, le contrat de mariage était signé à Paris en l'hôtel de Coulanges en présence des parents et amis de la famille. Il n'est pas sans intérêt, croyons-nous, de reproduire ici les principales dispositions de ce document :

CONTRAT ET TRAITÉ DE MARIAGE
D'ENTRE MONSIEUR LE BARON DE CHANTAL
ET DEMOISELLE MARIE DE COULANGES [1]

Par-devant les notaires garde-notes du Roi notre sire en son Châtelet de Paris soussignés furent présents en leurs personnes Mre Celse-Bénigne de Rabutin, baron de Chantal, Bourbilly et Sauvigny, seigneur de Montelon, étant d'ordinaire près Sa Majesté, pour lui et en son nom d'une part, et Mre Philippe de Coulanges, conseiller du Roi en son Conseil d'État, et dame Marie de Bèze, son épouse, de lui autorisée pour l'effet des présentes, domiciliés en cette ville de Paris, place Royale, paroisse Saint-Paul, tant en leurs noms que comme stipulant en cette partie pour demoiselle Marie de Coulanges, leur fille, à ce présente et de son consentement d'autre part, lesquels pour raison du futur mariage d'entre ledit sieur baron de Chantal et ladite demoiselle Marie de Coulanges, volontairement en la présence et par l'avis, savoir, de la part dudit sieur baron de Chantal de Illustrissime et Révérendissime père en Dieu Mre André Frémyot, archevêque de Bourges, conseiller du Roi en son Conseil d'État et privé, son oncle, de Mre Antoine de Toulongeon, chevalier, seigneur d'Allonnes, Bordeaux et la Gorge, premier capitaine d'un des vieux régiments de France entretenus, son beau-frère, et de Mre François Blondeau, conseiller et garde des sceaux au Parlement de Bourgogne, seigneur de Thuisse, La Chassaigne, son cousin germain à cause de sa femme, de Mre Bénigne de Neufchèze, chevalier, seigneur et baron des Francs, et de révérend père en Dieu Mre Jacques de Neufchèze, abbé, aussi ses cousins. Et de la part desdits sieur et dame de Coulanges, de noble homme Marc de Lanchise, conseiller et secrétaire du Roi, frère utérin dudit sieur de Coulanges; demoiselle Antoinette de Coulanges, veuve de feu Guillaume Petit, vivant écuyer, sœur; demoiselle Marie de Lanchise, femme du sieur de Pelveret, saussi œur utérine dudit sieur de Coulanges; de noble Toussaint de Coulanges, aussi con-

____
1. Acte reçu par Me Herbin, notaire à Paris.

seiller et secrétaire du Roi, cousin ; de messire Antoine Aguesseau,
conseiller du Roi en son Conseil d'État et son lieutenant criminel
en la ville de Paris, et du sieur de Malenfant, sieur de Pressac, ami,

Ont reconnu et confessé avoir fait les traités, promesses, accords
et conventions qui suivent, c'est à savoir que lesdits sieur et dame
de Coulanges ont promis et promettent bailler et donner ladite
demoiselle Marie de Coulanges, leur fille, par nom et loi de mariage
audit sieur baron de Chantal, lui aussi a promis et promet la
prendre à sa femme et épouse et ledit mariage faire et solenniser
en face de notre mère la Sainte Église le plus tôt que bonnement et
commodément faire se pourra et qu'il sera avisé et délibéré entre
eux si Dieu et notredite mère Sainte Église s'y conjointent et
accordent.

Seront les futurs conjoints uns et communs en tous biens meubles,
acquêts et conquêts immeubles qu'ils feront durant ledit mariage
selon la coutume de la prévôté et vicomté de Paris, suivant laquelle
ladite communauté sera réglée, nonobstant que les acquêts fussent
faits en coutume où la communauté n'eût point de lieu, à laquelle
lesdites parties ont renoncé et à toutes autres à ce contraires.

Lesdits sieur et dame de Coulanges, père et mère de ladite
demoiselle future épouse, ont donné et donnent en faveur dudit
mariage d'icelle demoiselle leur fille, en avancement d'hoirie et de
droit successif, par moitié également sur chacune de leurs successions
à échoir, la somme de quatre-vingt-dix mille livres tournois pour le
paiement de laquelle ils lui ont par ces présentes délaissé et transporté les droits de six deniers d'une part, et deux deniers d'autre
part attribués aux greffiers et maîtres clercs de l'élection de Falaise,
qu'ils ont acquis de M^{rs} les commissaires à ce députés par le Roi le
19e jour de mai 1621, savoir, lesdits six deniers pour la somme de
37 200 livres, et les deux deniers pour la somme de 12 400 livres ;
plus le petit scel du grenier à sel de Rouen aussi par eux acquis le
19e jour d'avril 1622 moyennant la somme de 23 632 livres 10 sols.

Et outre lesdits sieur et dame de Coulanges ont présentement
fourni et délivré auxdits futurs époux qui ont confessé avoir reçu
en deniers comptants la somme de six mille cinq cent soixante-
douze livres dix sols, revenant toutes lesdites sommes à la somme

de quatre-vingt mille livres. Outre laquelle somme lesdits sieur et
dame de Coulanges ont encore promis et seront tenus de vêtir et
habiller ladite demoiselle leur fille bien et honorablement selon sa
qualité et lui fournir de linge nécessaire, ensemble lui laisser ses
bagues de fillage que lesdites parties ont amiablement estimées entre
eux à la somme de dix mille livres tournois, faisant toutes lesdites
sommes ensemble ladite somme de quatre-vingt-dix mille livres
tournois, et de plus se sont obligés lesdits père et mère de ladite
demoiselle future épouse de loger et nourrir lesdits futurs époux
durant deux années entières avec le nombre de personnes dont ils
sont convenus entre eux, à laquelle somme ainsi donnée, advenant
le décès desdits père et mère, il sera au choix de ladite demoiselle
future épouse de se tenir ou venir à partager en rapportant ladite
somme de quatre-vingt-dix mille livres au moins prenant en leurs
successions, et, moyennant laquelle somme, advenant le décès
desdits père ou mère, ne pourra ladite demoiselle future épouse et
les siens demander compte ou partage au survivant de la succession
du prédécédé, mais laissera jouir ledit survivant pour le tout sinon
qu'elle voulut rapporter à la succession du prédécédé ladite somme
de quatre-vingt-dix mille livres.

Et aussi en faveur dudit mariage ledit sieur archevêque de Bourges,
oncle dudit sieur futur époux et lesdits sieurs de Toulongeon et
Blondeau, ses beau-frère et cousin, ont déclaré et déclarent les terres
et seigneuries de Bourbilly et Montelon appartenir audit sieur futur
époux par le décès de ses père et mère, et outre, pour la bonne
amitié qu'ils lui portent et en faveur dudit mariage, comme dit est,
lequel autrement n'eût été fait, ont promis et promettent d'acquitter
icelui sieur futur époux de toutes dettes qu'il doit et pourra devoir,
à cause des successions de sesdits père et mère, auxquelles lesdites
terres pourraient rester tenues et obligées et les en faire décharger
pour toujours, et outre ledit sieur archevêque a promis et promet
donner et payer audit sieur futur époux son neveu, pour le temps
que ledit sieur archevêque vivra, mille livres de rente et pension
par chacun an et même promet icelle continuer à ladite demoiselle
future épouse et à ses enfants au cas que ledit sieur futur époux pré-
décède ledit sieur son oncle, ou à ladite demoiselle au cas où dudit

mariage n'y eut aucuns enfants ou qu'ils vinssent à décéder avant
ledit seigneur leur oncle et icelle rente continuer par ledit sieur
oncle sa vie durant seulement...

Advenant la dissolution dudit mariage, sera au choix de ladite
future épouse survivante, de ses enfants ou autres héritiers, d'accepter
la communauté ou y renoncer et, en cas de renonciation, reprendre
tout ce qu'elle aura apporté, meubles et immeubles, même ladite
somme de quatre-vingt-dix mille livres, ensemble ce qui lui sera
advenu et échu par succession, donation ou autrement avec son
douaire et préciput tel que dessus, le tout franc et quitte de toutes
dettes, nonobstant qu'elle y eût parlé et s'y fût obligée, dont ledit
sieur futur époux et ses héritiers seront tenus l'acquitter.

Car ainsi le tout a été dit convenu et accordé entre les parties...

Fait et passé en la maison dudit sieur de Coulanges le quatorzième
jour de mai mil six cent vingt-trois, après-midi, et ont signé :

CELSE-BÉNIGNE DE RABUTIN-CHANTAL.

MARIE DE COLANGES.

DE COLANGES.   ANDRÉ FRÉMIOT, arch. de Bourges.

MARIE DE BÈZE.   BLONDEAU.

THOLONJON.   AGUESSEAU.

DE LANCHIZE.

BÉNIGNE DE NEUFCHÈZES.

J. DE NEUFCHÈZES.   DEMALENFANT-PRESSAC.

ANTHOINETTE DE COLANGES.

MARIE DE LANCHIZE.

CHARLET.   HERBIN.

On remarque dans l'énumération des personnes qui ont
signé à ce contrat l'absence totale des Rabutin. Alors que les
parents du baron de Chantal du côté maternel sont représentés à la fois par ses oncles messire François Blondeau et
l'archevêque de Bourges et par ses cousins Bénigne et Jacques
de Neuchèze, on n'y trouve aucun de ces Rabutin qui avaient
été ses compagnons de jeunesse et de plaisir, ni son cousin

Léonor de Rabutin, qui, à la mort de Celse-Bénigne, sera
nommé subrogé-tuteur de la jeune mineure, ni son autre cousin,
Hugues de Rabutin, le futur grand prieur de France. Et on
n'y trouve point non plus, ce qui est de tradition constante à
l'époque, trace de procurations données par eux à des amis
de la famille chargés de les représenter. Dans cette abstention
volontaire il serait donc difficile de ne pas voir une preuve
de l'hostilité non dissimulée avec laquelle les Rabutin accueil-
lirent cette mésalliance, et cette attitude explique aussi les
phrases de Bussy dénuées de bienveillance à l'égard des Coulanges.

Dans ce contrat rédigé avec tout le formalisme juridique
du temps, un autre trait mérite aussi d'être retenu. Sur le
chiffre total de la dot de la future épouse montant à
90 000 livres, 6 500 livres seulement devaient être fournies
en deniers comptants, le reste se composait, pour la plus
grande partie, du produit d'offices de judicature et de gabelles.
Cette disposition, qui était une précaution judicieuse contre les
dépenses excessives du baron de Chantal, attesterait aussi,
. s'il en était nécessaire, la véritable origine de la fortune des
Coulanges. Quant à cette dot, pour en apprécier l'importance,
il ne suffit pas de tenir compte de sa valeur propre, valeur
considérable pour l'époque et correspondant à une somme de
400 000 francs environ de nos jours, on doit encore se rappeler que, quelques années auparavant, saint François de Sales,
négociant pour le baron de Chantal un projet de mariage avec
mademoiselle Liotard, considérait une dot de 24 000 livres
comme une dot très honorable.

La mère de Chantal, absente, avait tenu à s'associer à cet
important événement. Dès le 13 mai, elle écrivait à madame
de Coulanges pour lui exprimer son contentement de voir
son fils entrer dans une si honorable famille :

Madame, je ne saurais vous témoigner le ressentiment que j'ai de l'honneur que vous faites à mon fils de le recevoir pour vôtre, par l'entremise d'un si digne et vertueux sujet comme est mademoiselle votre fille. Je sais, Madame, l'affection que vous avez contribuée en particulier pour ce mariage, ce qui m'oblige à l'égal de l'estime que j'en fais pour le bonheur de mon fils, et ne souhaite meshui autre chose, sinon qu'il plaise à la divine bonté d'en donner à M. de Coulanges et à vous un parfait contentement. Oh Dieu ! avec quel soin veux-je continuellement répandre mon cœur et mes petites prières devant la douce miséricorde de Notre Seigneur, afin qu'il lui plaise de bénir ces chers mariés de ses plus saintes grâces et faveurs, en sorte qu'ils n'aient qu'un cœur et qu'une seule âme, et qu'ils vivent longuement et heureusement en la sainte crainte de Notre Seigneur ! voilà mon désir, madame, et de vous honorer, chérir et respecter à jamais de toute l'affection de mon cœur. Dieu bénissant derechef votre honorable alliance, de laquelle, avec tant de raison, j'ai un parfait contentement.

En même temps, elle remerciait son frère, Mgr de Bourges, de la part qu'il avait prise à la conclusion du mariage :

C'est la vérité que je ressens une extrême consolation et soulagement du bonheur de notre fils. La gloire en soit à Dieu et à vous la récompense, mon très cher Seigneur, qui lui êtes vrai père : j'espère que plus que jamais vous aurez tout pouvoir sur lui, et que M. son beau-père pourra grandement le retenir et sa chère petite femme [1].

Conformément aux stipulations du contrat, c'est dans l'hôtel même des Coulanges, place Royale, que les nouveaux mariés fixèrent leur résidence. La chambre qu'ils y occupaient et dans laquelle devait naître la future marquise de Sévigné, était située au-dessus de la salle haute, ainsi que nous l'apprend l'inventaire dressé quelques années plus tard, à la mort du

---

1. OEuvres de sainte Chantal, V, 269.

baron de Chantal. Cette cohabitation, limitée d'après les termes du contrat aux deux premières années qui suivirent le mariage et qui se prolongea en réalité jusqu'à la mort de Celse-Bénigne[1], suffirait à prouver, s'il en était besoin, la bonne harmonie qui ne cessa d'exister entre le baron de Chantal et ses beaux-parents. Sur ce point, d'ailleurs, nous avons son propre témoignage lorsqu'il écrit à sa mère :

J'admire la conduite de Dieu sur nous. Quand vous seriez demeurée au monde selon nos souhaits et que vous auriez pris les soins de nous avancer que votre amour maternel et votre non pareille prudence auraient su vous faire inventer, vous n'auriez pas pensé à me loger mieux que je ne suis. Dieu m'ayant donné en mon mariage tous les avantages souhaitables à ceux de ma condition, de mon âge et de mon humeur[2].

C'est aussi la même impression qui résulte de nombreuses lettres de la mère de Chantal :

Je bénis Dieu, lui répond-elle, et supplie sa douce bonté d'affermir vos pas en telle sorte que vous puissiez, en paix et en sa crainte, jouir à longues années du bonheur de votre saint mariage et de la douce société et cordiale bienveillance de toute cette chère et très honorable famille en laquelle Dieu vous a mis. Vous me consolez

1. En outre, lorsque le baron de Chantal suivait la Cour à Saint-Germain pour les devoirs de sa charge, il était logé dans la maison occupée dans cette ville par l'archevêque de Bourges, son oncle. Celui-ci, en effet, avait loué le 13 novembre 1623, pour trois cents livres par an, de Adrien Gachet, menuisier des œuvres de menuiserie du Roi, à Saint-Germain-en-Laye, « une maison sise audit Saint-Germain, rue du Pont-aux-Jurés, proche le château, consistant en deux corps de logis, l'un sur le devant de la rue, l'autre sur le derrière ». Le bail était fait, en outre, « à la condition de faire élever dans le jardin une écurie pour huit chevaux, tant pour le service dudit seigneur preneur que de ses neveux et domestiques » (Acte reçu par Me Vigeon, notaire à Paris).

2. *La Vie et les Vertus de Jeanne-Françoise Frémyot de Chantal*, par la mère de Changy, p. 241.

grandement, mon très cher fils, quand vous me témoignez l'amour que vous leur portez, car je ne désire rien tant sinon que vous leur donniez un réciproque contentement. Pour moi, je les honore et chéris tous en degré que je ne puis exprimer [1].

Rien n'égale aussi la tendresse avec laquelle elle s'adresse à sa belle-fille, à sa « très chère aimée et très chère fille », comme elle l'appelle :

Ne me faites jamais aucune excuse de votre tardiveté à m'écrire. Oh ! non, ma fille, car je ne saurais rien prendre de travers de tout ce que vous ferez avec moi qui vous aime et vous chéris parfaitement. Ce m'est toutefois un grand contentement d'entendre celui que Dieu répand en votre mariage, ma très chère fille ; cette union de cœur que vous avez avec votre cher mari est la bénédiction des bénédictions pour votre condition et je prie Dieu qu'il vous la continue avec l'accroissement de toutes ses saintes grâces, ma très chère fille [2].

Ces sentiments trouvaient un écho facile dans la famille de Coulanges qui, tout entière, professait pour la sainte fondatrice de la Visitation une vénération non pareille. Lorsque Mgr de Bourges veut décider sa sœur à revenir à Paris, il ne manque pas d'invoquer, à côté des intérêts spirituels du monastère de la Visitation de cette ville, « la consolation particulière que vous donneriez à votre belle-fille et à toute la maison de M. de Coulanges, qui croient que toute bénédiction se répandra sur leur famille s'ils ont le bien de vous voir [3] ». Et c'est ainsi que, dans cette atmosphère de sympathie et de tendresse qui entourait le jeune baron de Chantal, un partage

---

1. *OEuvres de sainte Chantal*, V, 327.

2. *Ibid.*, V, 188.

3. André Frémyot à sainte Chantal (*OEuvres de saint François de Sales et de sainte Chantal*, édit. Migne, IX, 810).

d'attributions en vint à s'établir entre sa mère et ses beaux-parents, ceux-ci s'occupant de ses intérêts matériels, alors que la mère de Chantal s'engageait à prier pour toute la famille. « J'accepte de tout mon cœur le parti que vous m'offrez, ma très chère sœur, écrit la mère de Chantal à madame de Coulanges; oui, je vous supplie, ayez soin de tout ce qui regarde le temporel de ce cher fils et je me charge de prier continuellement pour le bonheur de votre très honorable famille, afin qu'il plaise à Dieu de la faire prospérer en toutes sortes de vrais biens [1]. » De part et d'autre d'ailleurs, la tâche était des plus ardues, car, malgré ses bonnes résolutions, malgré les conseils de sagesse qui lui étaient prodigués, Celse-Bénigne continuait à se risquer en des aventures qui mettaient en perpétuel danger son corps, son âme et ses biens.

---

1. *OEuvres de sainte Chantal*, V, 419.

III

LE BARON DE CHANTAL APRÈS SON MARIAGE. —
NAISSANCE DE MADEMOISELLE DE CHANTAL.
— MORT DU BARON DE CHANTAL (1623-1627).

C'est en 1621, nous l'avons dit, que le baron de Chantal
avait vu sa situation confirmée à la Cour par une charge de
gentilhomme ordinaire de la Chambre. Dans cet emploi, s'il
faut en croire Bussy-Rabutin, il avait su de bonne heure se
concilier les sympathies de Louis XIII. Bien qu'en général
Bussy soit un peu suspect quand il s'agit d'apprécier à leur
valeur les titres de gloire des Rabutin, sur ce point tout au
moins son témoignage trouve d'autre part une éclatante confirmation. Le 11 avril 1623, c'est-à-dire un mois avant son
mariage, le baron de Chantal avait reçu du roi à titre de
« gratification et remunération » des services qu'il avait
rendus, une somme de 36 000 livres, soit environ 150 000 francs
de nos jours[1]. Si nous ignorons la nature exacte de ces

[1]. Ce don nous est connu par l'analyse qui en est faite dans l'inventaire
dressé en 1628, à la mort du baron de Chantal, par M⁰ Vigeon, notaire à
Paris, et dont nous parlerons plus loin. Voici le texte de cette mention :
« Un brevet en parchemin signé en fin Louis et plus bas Philyppeaux, daté

services, l'importance de ce don, à une époque où le trésor royal était particulièrement obéré, témoigne en tous les cas hautement de l'estime en laquelle Celse-Bénigne était tenu. Ce n'est aussi que par une faveur particulière que l'on peut expliquer l'impunité accordée au baron de Chantal dans les nouvelles affaires auxquelles il se trouva mêlé. En 1624, raconte Bussy-Rabutin, « Chantal ayant fait ses dévotions à sa paroisse le jour de Pâques avec toute la famille de sa femme, un laquais de Bouteville lui vint dire dans l'église où il était encore, que son maître l'attendait à la porte Saint-Antoine. Il y alla en petits souliers à mules de velours noir, comme on en portait alors, et servit de second à Bouteville contre Pontgibaud. Ce duel fit un fort grand bruit et les prédicateurs déclamèrent contre un si grand scandale[1]. »

L'affaire était, en effet, des plus graves. Les combattants, dès la fin de la rencontre, avaient pris la fuite, protégés par leurs partisans au nombre de plus de deux cents, mais le Parlement avait dès le lendemain commencé les poursuites et, le 14 avril, rendait un arrêt qui les condamnait par contumace à la peine capitale :

La Cour a déclaré et déclare lesdits de Bouteville, le comte de Pontgibault, le baron de Chantal et des Salles vrais contumax, atteints et convaincus de crime de lèse-majesté divine et humaine pour la contravention aux édits des duels faite ledit jour de Pâques, et pour réparation déchus des privilèges de noblesse, déclarés ignobles, roturiers et infâmes, condamnés à être pendus et étran-

au commencement d'icelui du XIe jour d'avril 1623, par lequel appert le Roi, pour gratification et rémunération des services à lui rendus par ledit sieur baron de Chantal, lui avoir fait don de XXXVI mille livres à prendre sur les deniers extraordinaires de l'épargne de Sa Majesté, selon et aux conditions portées par le brevet dudit don. »

1. *Histoire généalogique de la maison de Rabutin*, par le comte de Bussy, p. 54.

glés à une potence croisée qui, pour cet effet, sera dressée en la
place de Grève de cette ville de Paris, leurs corps morts portés à
Montfaucon, si appréhendés peuvent être, sinon par effigie, en un
tableau qui sera attaché à une potence érigée en ladite place.
Ordonne que toutes leurs maisons en quelques provinces, villes et
lieux qu'elles soient, seront démolies, rasées et abattues et les
fossés comblés. Fait défense à toutes les personnes, de quelque qualité qu'elles soient, d'y rebâtir ni édifier et que les arbres qui sont
plantés ès environs seront coupés par le milieu, les troncs demeurant pour mémoire de leur crime à perpétuité et sera esdits lieux
dressé et érigé un pilier de pierre de taille et en icelui apposé une
lame de cuivre en laquelle seront gravées et transcrites les causes de
ladite démolition. le surplus des biens desdits Bouteville, Pontgibault. Chantal et des Salles acquis et confisqués au Roi pour être
réunis à toujours au domaine de la Couronne, l'autre moitié à
l'Hôtel-Dieu, hôpital de Saint-Germain-des-Prés et Pauvres Enfermés [1].

Cet arrêt à peine prononcé, un nouveau défi était porté à
l'autorité royale. « Le tableau de l'effigie des condamnés
étant attaché à une potence en la place de Grève, dès la nuit
même, nombre de laquais, escortés de quelques gens à cheval,
furent couper la potence et emporter ledit tableau. » D'où, le
jour même, plainte à ce sujet au Parlement par le Procureur
général et nouvel arrêt portant que des poursuites seraient
intentées contre les gentilshommes et leurs laquais qui avaient
enlevé ledit tableau, que celui-ci serait remis en place et
que des archers seraient postés en place de Grève, tant de jour
que de nuit, « pour tirer sur ceux qui viendraient faire telle
entreprise ».

On conçoit l'émotion que dut éprouver la famille de Coulanges. Quant à la mère de Chantal, si elle s'afflige, elle ne

---

1. *Mercure français*, X, 386-390.

peut s'empêcher de plaider cette fois encore les circonstances
atténuantes, s'en prenant aux mœurs du temps plus encore
qu'au caractère de son fils :

Je suis certes en compassion, écrit-elle à une supérieure de la
Visitation, quand je pense à l'affliction de mon fils, mais j'espère
que Dieu lui rendra cette tribulation profitable, au moins pour
l'éternité. Oh! combien l'amitié du monde est ennemie de Dieu!
N'est-ce pas une déplorable chose de voir l'ami engager son ami
dans ses misérables duels? Il faut bien prier Dieu qu'il donne sa
sainte lumière à toute cette jeune noblesse qui, à la pointe de l'épée,
va si imprudemment chercher l'enfer[1].

•Mais tandis que ses complices continuaient d'être contraints
de se soustraire par l'exil aux mesures portées contre eux,
Celse-Bénigne, fort du crédit dont il jouissait à la Cour, béné-
ficiant peut-être aussi de la sainte réputation de sa mère, fut à
peine inquiété : « Je pense que ses affaires traîneront à la
longue[2] », écrivait la mère de Chantal, quelques semaines
plus tard. « Chantal, écrit Bussy-Rabutin, se retira en Bourgogne, où il fut caché à Alonne, chez Toulongeon, son beau-
frère, pendant quelque temps, après lequel il revint à Paris et
puis insensiblement à la Cour où le roi, peu jaloux de son
autorité, ne lui fit pas plus mauvais visage. » Cette marque de
faveur ne devait pas le rendre plus sage.

Six mois après, Bouteville l'ayant prié d'appeler de sa part le duc
d'Elbeuf et cela étant très difficile à faire sans être découvert à cause
que cette querelle avait fort éclaté, Chantal prit son temps pour faire
la commission que le duc d'Elbeuf était au bal, et lui ayant parlé
tout haut d'une galanterie qu'il avait, ce prince, à qui cela donnait
de l'inquiétude, le pressa si fort de lui dire tout bas ce qu'il en

1. *Œuvres de sainte Chantal*, V, 311.
2. *Ibid.*, V, 329.

savait, qu'il lui fit son appel et puis il reprit tout haut : « Eh bien, monsieur, suis-je bien averti? — On ne peut pas mieux, » lui répondit le prince. Cependant les démarches qu'il fallait que le duc d'Elbeuf fît dans sa maison firent soupçonner ses domestiques qui en ayant donné avis à la duchesse sa femme et celle-ci au roi, l'affaire fut accommodée [1].

Cependant le baron de Chantal commençait à ressentir ces épreuves dont sa mère lui avait prédit la salutaire influence. Dans cette même année 1624, après une longue maladie, il perdait, quelques mois à peine après sa naissance, le premier fils qui lui était né : « Véritablement, mon très cher fils, lui écrivait la mère de Chantal le 25 juillet, ce fut une très douce consolation à nos âmes de se communiquer un peu leur douleur, car je confesse que mon amour plus que maternel ne permet pas à mon cœur d'être insensible aux accidents qui vous touchent... Soumettez-vous amoureusement à la disposition qu'il a faite de votre pauvre petit fils : c'est une bénédiction que les prémices de votre mariage soient au ciel; il vous impétrera des bénédictions et Dieu vous en donnera bien d'autres [2]. » Au commencement de l'année suivante, la jeune baronne de Chantal accouchait d'une fille, morte en naissant, et la même lettre de la mère de Chantal à madame de Coulanges, qui exprimait pour la jeune femme les vœux d'un heureux accouchement, transmettait dans un post-scriptum les doléances provoquées par cette perte douloureuse :

Il me tarde infiniment de savoir des nouvelles de notre tout aimée et tout aimable fille; croyez que mon esprit est attentif sur elle et que je la porte toujours au milieu de mon cœur. Dieu lui donne

---

1. *Histoire généalogique de la maison de Rabutin*, par le comte de Bussy, p. 55.

2. *OEuvres de sainte Chantal*, V, 327.

un heureux accouchement... P. S. Or sus, ma très chère sœur, il faut bénir Notre Seigneur de ce qu'il lui a plu mettre cette chère petite en Paradis où éternellement elle louera sa bonté et priera pour ses chers père et mère. Il en donnera d'autres, s'il lui plaît, mais ne pensez que ma fille m'en soit un brin moins chère, ni tout ce qui vous appartient. Et pourquoi cela? la pauvre petite n'en a-t-elle pas le plus grand déplaisir? C'est assez de la savoir en santé et d'en espérer bientôt une autre, Dieu aidant[1].

Cet autre vint au commencement de l'année suivante, en la personne de Marie de Rabutin-Chantal, la future marquise de Sévigné. C'est le 6 février 1626 que fut baptisée ce troisième enfant de Celse-Bénigne de Rabutin et de Marie de Coulanges; elle eut pour parrain messire Charles Le Normand, seigneur de Beaumont, gouverneur de la Fère et premier maître d'hôtel du roi, et pour marraine, Marie de Bèze, femme de Philippe de Coulanges, grand'mère de l'enfant[2].

« Marie de Rabutin, écrit Bussy, naquit toute pleine de grâces[3]. » A peine née, mademoiselle de Chantal fit un premier miracle, la conversion de son père ou tout au moins la ferme résolution chez celui-ci de mener une conduite désormais plus sage. L'archevêque de Bourges écrivait à sa sœur, le 16 avril 1626 : « Le baron de Chantal est à Fontainebleau qui rend de l'assiduité auprès du roi. Je ne sais si cela lui vaudra quelque chose, sa femme se porte bien et sa fille aussi. Le voici maintenant père de famille et par conséquent qui doit songer à la conduite[4]. » Et quelques semaines plus tard, la mère de Chantal, répondant à son frère, faisait allusion à ce

1. *OEuvres de sainte Chantal,* V, 419.
2. *Lettres de Madame de Sévigné,* I, 317.
3. *Histoire généalogique de la maison de Rabutin,* par le comte de Bussy, p. 58.
4. Archives de la Visitation d'Annecy. Publiée en partie dans Migne (*OEuvres de saint François de Sales et de sainte Chantal,* IX, 806).

changement de vie de Celse-Bénigne : « Dieu veuille affermir mon fils en la nécessaire résolution qu'il a prise pour son salut et repos [1]. » Ces résolutions ne purent que se confirmer dans l'entrevue que le baron de Chantal eut avec sa mère au château d'Alonne chez sa sœur, madame de Toulongeon, au mois de septembre suivant et à laquelle fut aussi présente la jeune baronne de Chantal. C'était la première entrevue entre celle-ci et la sainte fondatrice de la Visitation, entrevue ardemment désirée par la mère de Chantal, qui écrivait dès le 20 janvier précédent à madame de Coulanges : « Mon Dieu, madame, que cette petite femme-là m'est chère ! Certes, encore que je ne l'aie point vue, je l'aime toutefois et la chéris insignement [2]. » Si, dans les conversations entre ces deux femmes, Celse-Bénigne occupa, comme il est naturel, la première place, il est permis de penser que mademoiselle de Chantal ne fut pas non plus oubliée. Mademoiselle de Chantal a aussi sa large part dans la lettre que la mère de Chantal adressait à son fils et à sa belle-fille au commencement de l'année 1627 :

Que toutes sortes de saintes bénédictions soient données à mon très cher fils et à ma bien-aimée fille, à ce commencement d'année et par tous les siècles, afin qu'après avoir vécu longuement et heureusement ensemble en cette vie, ils jouissent et continuent leur sainte et agréable société dans l'éternité de la gloire. Voilà mon grand et infini souhait sur vous, mon cher fils, et sur cette petite, mais tant aimable créature que Dieu vous a donnée, et laquelle j'aime parfaitement et tendrement avec vous et en vous; mais il me tarde de savoir des nouvelles de votre santé et de la sienne et de votre chère petite fille que Dieu rende aussi toute sienne, s'il lui plaît.

---

1. Sainte Chantal à l'archevêque de Bourges, 1ᵉʳ juin 1626 (*Œuvres de sainte Chantal*, V, 614).
2. *Œuvres de sainte Chantal*, V, 553.

Si le baron de Chantal paraissait dès lors disposé à suivre les sages inspirations de sa mère, il est un point pourtant sur lequel il ne pouvait d'un seul coup renoncer à ses anciennes habitudes, ou tout au moins se soustraire à leurs conséquences. En dépit de la grosse fortune que lui avait valu son mariage, les dépenses excessives auxquelles il n'avait cessé de se livrer l'avaient plus d'une fois réduit à de fâcheuses extrémités. Poursuivi devant le Châtelet de Paris par des créanciers impayés, condamné à voir opérer la saisie de ses meubles, il avait dû faire appel, à maintes reprises, à l'intervention de M. de Coulanges. De là une certaine âpreté dans sa manière de comprendre la gestion de ses biens, de là aussi dans ses relations d'intérêt avec sa sœur et son beau-frère des discussions et des différends auxquels la mère de Chantal et l'archevêque de Bourges ne purent toujours rester étrangers. Dans la charmante étude qu'elle a consacrée à madame de Toulongeon [1], madame la comtesse de Menthon n'a pas toujours su se garder du reproche d'idéaliser son personnage. A la coquetterie qui avait marqué sa première jeunesse et dont saint François de Sales a si joliment retracé les manifestations, avait de bonne heure succédé chez Françoise de Rabutin, devenue comtesse de Toulongeon, une âpreté dans la défense de ses droits d'autant moins excusable que son mariage l'avait mise dans une situation plus enviable. Sans aller jusqu'au reproche d'avarice que son futur gendre, Bussy-Rabutin, ne manquera pas de porter contre elle, il est permis d'affirmer que, dans ses contestations avec son frère, les torts furent au moins partagés. Le 4 avril 1626, l'archevêque de Bourges écrivait de Paris à la mère de Chantal : « Monsieur de Toulongeon est ici depuis peu, lequel vous écrit. Je ne lui ai encore parlé du

---

1. *Les deux filles de sainte Chantal*, 2ᵉ édition.

différend qu'il pourra avoir avec son beau-frère touchant Savigny. C'est un sage gentilhomme et qui ne donnera point d'occasion à votre fils de vivre mal avec lui. » Le comte de Toulongeon était, en effet, un homme fort raisonnable, mais Mgr de Bourges avait compté sans madame de Toulongeon qui porta son mari aux démarches les plus osées, n'allant à rien moins qu'à accuser sa mère d'injustice. La mère de Chantal, mise en cause, se vit obligée d'écrire à son gendre pour le dissuader de penser qu'elle avait partagé ses biens inégalement entre ses enfants : « Mon très cher fils, je vous conjure de n'écouter jamais tels amis, car assurez-vous qu'ils n'aiment ni vous, ni votre frère, ni votre femme... Je ne puis en façon quelconque douter que vous, mon très cher fils et ma fille, ne me croyiez en ceci. » L'émotion de madame de Toulongeon ne fut pas moins grande le jour où son oncle, l'archevêque de Bourges, ayant, au cours d'une grave maladie, fait un testament, elle s'imagina qu'elle avait été dépouillée au profit de son frère. « J'ai reçu des lettres de Françoise, écrit la mère de Chantal à la mère Favre, elle est dans de fâcheux sentiments sur ce que son bon oncle l'oublia dans son testament; je pense qu'elle vous le témoignera prou [1]. » Et la mère de Chantal doit . de nouveau faire entendre raison à sa fille : « Il (l'archevêque de Bourges) ne m'a rien écrit de ce que vous me mandez qu'il a fait pour mon fils et cependant je reçois fort souvent de ses lettres. Quand j'aurai l'honneur de le voir, je lui en parlerai et je verrai si je pourrai être si heureuse que de faire quelque chose pour vous... Je lui ai toujours vu beaucoup d'affection pour vous, ma très chère fille; je crois qu'il n'a pas grand temporel, outre ses meubles; toutefois, je n'en sais rien [2]. »

A l'occasion aussi, Celse-Bénigne, non content de la pension

1. *OEuvres de sainte Chantal*, V, 416.
2. *Ibid.*, V, 413.

que son oncle lui continuait et de la promesse qu'il lui avait faite de payer pour lui les anciennes dettes de la famille [1], témoignait de son impatience d'avoir une plus large part de ces gros revenus que Mgr de Bourges tirait de ses riches abbayes. Et Celse-Bénigne le manifestait parfois en des termes qui faisaient l'effroi de la mère de Chantal et l'obligeaient d'écrire :

Mon très cher fils, j'ai été si fort occupée dès l'arrivée de Mgr de Bourges que je n'ai su prendre le loisir de vous écrire, j'ai considéré votre lettre et ai vu que vous preniez à cœur des choses que je ne trouve point considérables. Mon très cher fils, il faut que nous adoucissions les passions et ardeurs de notre esprit et que dorénavant nous regardions plus à nous contenter du bien reçu de notre bon Dieu et de Monseigneur votre oncle, que d'en souhaiter trop ardemment de nouveau, puisque, en vérité, il est plein d'une très bonne affection pour vous ; mais vous savez qu'il craint seulement l'ombre d'être pressé et importuné et que rien ne le rebute tant que cela. Soyez seulement attentif à lui rendre l'honneur et l'amour que vous lui devez et vous verrez qu'avec l'aide de Dieu, vous obtiendrez ce que vous me témoignez d'en désirer ; mais je trouve à propos d'attendre que nous soyons cet hiver à Paris pour traiter de cette affaire. Il m'a dit, ce bon seigneur, qu'il gardait des bénéfices pour six mille livres de rente, pour un fils, si Dieu vous le donnait [2].

1. Cette promesse d'acquitter les anciennes dettes de la famille avait été faite par l'archevêque de Bourges lors du mariage de Celse-Bénigne ; toutefois ces paiements ne furent effectués que plusieurs années après la mort de celui-ci. La mère de Chantal écrivait à ce sujet à son frère, le 8 mai 1625 : « Ne voulez-vous pas que je prenne la confiance de vous demander si votre cher cœur s'est trouvé libre des affaires et dettes de feu notre cher père » (*OEuvres de sainte Chantal*, V, 433).

2. *OEuvres de sainte Chantal*, VI, 66. Ces démarches n'altéraient point, d'ailleurs, l'affection de Mgr de Bourges pour Celse-Bénigne et les siens : « Il vous chérit plus qu'il ne se peut dire et votre mari et toute votre chère maison, » écrivait le même jour la mère de Chantal à sa belle-fille (*Ibid.*, VI, 69).

Ce rendez-vous que la mère de Chantal fixait à son fils, à Paris, à la fin de l'année 1627, pour régler avec Mgr de Bourges les intérêts de la famille, Celse-Bénigne ne devait pas en voir le jour. Après un hiver passé partie en Bourgogne, partie à Paris où il avait été malade à diverses reprises[1], il venait de partir pour prendre part, en qualité de volontaire, à cette expédition dirigée par son ami Toiras contre les Anglais récemment débarqués dans l'île de Ré. Sur les causes qui le décidèrent à prendre part à cette expédition, il est assez difficile d'être fixé exactement. D'après Bussy, le baron de Chantal y aurait été poussé par un véritable acte de désespoir, en présence de l'hostilité qu'il rencontrait à la Cour et de l'inimitié avérée du tout-puissant cardinal de Richelieu. Son ami, le comte de Bouteville, à qui il avait servi de second lors de son fameux duel de 1624, venait d'avoir à nouveau une affaire retentissante le 22 mai 1627 ; assisté du comte des Chapelles, il s'était rencontré en plein midi sur la Place Royale, avec le comte de Beuvron, assisté lui-même de Bussy d'Amboise. Jamais la nécessité d'un exemple en matière de duels n'avait paru plus impérieuse. Bouteville et des Chapelles, condamnés et cette fois arrêtés, avaient eu la tête tranchée en place de Grève au mois de juin 1627. Bien que le baron de Chantal n'eût pas pris part à cette affaire, c'était dans l'hôtel de Coulanges, où il habitait, que Bouteville s'était réfugié après le combat pour de là monter à cheval et prendre la fuite. Fut-il aussi, comme Bussy le prétend, tenu grief au baron de Chantal de

---

1. Le 12 janvier 1627, la mère de Chantal écrivait à Philippe de Coulanges, beau-père de Celse-Bénigne : « Je bénis Dieu de tout mon cœur des bonnes nouvelles que vous me donnez de votre heureuse alliance et de l'entière guérison de mon fils. » L'archevêque de Bourges écrivait à sa sœur le 7 février 1627 : « Votre fils est tout languissant depuis quatre ou cinq jours et il a grande peine de se revoir » (Archives du 1er monastère de la Visitation d'Annecy).

son esprit satirique et mordant? On connaît de cet esprit le joli trait que nous en a rapporté madame de Sévigné : « Quand on fit maréchal de France Schomberg, celui qui fut surintendant des finances, il lui écrivit : « Monseigneur, qualité, barbe noire, familiarité. Chantal. » Vous entendez bien qu'il voulait lui dire qu'il avait été fait maréchal de France parce qu'il avait de la qualité, de la barbe noire comme Louis XIII et qu'il avait de la familiarité avec lui[1]. » Schomberg, tout au moins, ne tint point rancune au baron de Chantal de ses réparties, car il ne cessa de porter intérêt à sa fille et nous retrouverons plus tard son fils jouant son rôle lors du mariage de madame de Sévigné.

Plus grave, si elle était exacte, serait l'intimité que le baron de Chantal aurait eue avec Chalais, exécuté l'année précédente pour complot contre le cardinal de Richelieu. « Les ennemis de Chantal, écrit Bussy, s'étaient voulu servir du prétexte de cette amitié pour lui rendre de mauvais offices auprès du roi. Le cardinal de Richelieu, qui venait de faire couper la tête à Chalais et qui haïssait Chantal à cause qu'il était son ami, celui de Bouteville et celui de Toiras, avait fait entendre à Sa Majesté que Chantal avait de grandes liaisons avec Chalais et, comme cela ne détournait pas assez l'inclination naturelle que ce prince avait pour Chantal, le ministre, qui connaissait le roi extrêmement défiant, lui dit que Chantal se moquait de tout le monde. Ce fut assez pour le faire haïr que de le faire craindre. Voyant donc le mauvais visage que Sa Majesté lui faisait depuis quelque temps et son bon ami Bouteville venant d'avoir la tête coupée, il s'alla jeter quasi désespéré dans l'île de Ré, en 1627, auprès de Toiras, son bon ami[2]. »

1. Madame de Sévigné à Bussy-Rabutin, 6 août 1675 (*Lettres de madame de Sévigné*, IV, 12).

2. *Histoire généalogique de la maison de Rabutin*, par le comte de Bussy, p. 56.

La mère de Chaugy, la confidente d'ordinaire si bien informée de la mère de Chantal, insiste aussi sur l'intimité des relations du baron de Chantal avec Chalais et sur l'influence que l'exécution de ce dernier eut sur les pensées et les projets de Celse-Bénigne :

Un grand du royaume de France, son intime ami, ayant eu la tête tranchée pour certaines raisons d'État, cet accident retira un peu M. de Chantal des affections terrestres; il ne pouvait ôter de devant ses yeux le désastre de son ami et la fin des folles occupations des hommes mondains qui acquièrent quelquefois, après mille soins et travaux, un supplice temporel et un châtiment éternel.

Quelques mois après la mort de ce malheureux seigneur, le baron de Chantal sentit une nuit qu'on le soulevait par les épaules, jusqu'à deux ou trois reprises, comme le voulant mettre à bas du lit; il entendit et connut distinctement la voix de son ami mort qui lui dit par deux fois ces paroles : « Prépare-toi, Chantal, il faut venir. » Il est vrai qu'il aimait assez cet ami pour le faire vivre en sa mémoire, mais non pas pour le suivre au tombeau; il répartit donc : « Non, non, je n'irai pas encore. » Alors l'esprit frappa un grand coup proche du lit, dont le valet de chambre qui était couché hors de là fut éveillé, et ayant apporté de la chandelle, son maître passa le reste de la nuit à lire un bon livre pour se divertir et calmer l'émotion de son esprit. Notre-Seigneur, qui voulait disposer le baron de Chantal à une heureuse mort, permit que la visite de son ami décédé laissât en lui de fréquentes pensées de la mort; la Cour ne lui plaisait plus autant qu'auparavant, et trouvant une occasion d'aller servir l'Église et le Roi dans l'île de Ré contre les Anglais, il laissa les plaisirs du Louvre aux autres courtisans et alla conquérir le ciel [1].

Quoi qu'il en soit de ces bruits, on ne doit pas oublier qu'il n'était pas besoin à un Chantal d'un acte de désespoir pour

---

1. *La Vie et les Œuvres de sainte Jeanne-Françoise Frémyot de Chantal*, par la mère de Chaugy, p. 241.

courir là où il y avait des dangers à affronter et de la gloire à acquérir[1]. L'opération était d'ailleurs des plus importantes, puisque la possession de l'île de Ré pouvait seule permettre aux Anglais de secourir efficacement la Rochelle.

A peine arrivé, Celse-Bénigne se conduisit avec sa valeur accoutumée et montra une intrépidité qui inspira les plus grandes craintes à sa mère : « Mon fils, vous voilà parmi les hasards de la guerre... cela me rendra plus attentive devant Dieu pour vous. Et en tout lieu et en tout temps, un moment de vie ne nous est point assuré ; mais où sont les périls éminents, il y a encore moins d'assurance[2]. » Il convient de reproduire ici, d'après Bussy-Rabutin, les mentions que le *Mercure français* consacre à Celse-Bénigne :

« Pendant que les ennemis faisaient mine de s'attacher à Samblance, Toiras avait dès le matin fait marcher le reste de son régiment et de sa compagnie avec celle du sieur Des Roches Baritane, avec les sieurs de Montandre, de la Rabetelière, Cusac et Chantal et le reste des volontaires, ses amis, qui y étaient en bon nombre. » Et plus loin : « Les principaux des volontaires, comme les sieurs de Chantal, de Noailles, de Sombron, etc., et quantité d'autres gentilshommes de qualité avec le sieur de Rabetelière et ce qu'il y avait de ses amis et les chevau-légers du sieur de Toiras faisaient quatre escadrons qui voulurent être commandés, l'un par le baron de Chantal, l'autre par La Rabetelière, l'autre par Maulevrier, frère dudit Toiras, l'autre par Sainte-Anne, son neveu[3]. »

1. La mère de Chantal considérait si peu cette campagne de son fils comme une disgrâce, qu'elle écrivait à sa belle-fille, dans les premiers jours du mois de juillet 1627, en parlant de Celse-Bénigne et de l'archevêque de Bourges : « Je voudrais que mon fils fût un peu plus soigneux de lui écrire ; il fut en peine sur ces bruits de guerre de ce qu'il deviendrait et consolé quand il sut où il était » (*OEuvres de sainte Chantal*, V I, 69).

2. *OEuvres de sainte Chantal*, V I, 67.

3. *Mercure français*, X I I I, 836, 838.

Et l'auteur contemporain de la *Vie de sainte Chantal* dit d'autre part :

Le baron de Chantal, son fils unique, plein du désir d'une véritable gloire, étant allé volontaire au siège de la Rochelle, dans l'armée du maréchal de Toiras, son intime ami, il fut choisi pour être mis à la tête du premier escadron des volontaires qui, dans ce temps-là, était composé de toute la fleur de la Cour (choix qui à son âge lui faisait bien de l'honneur) et, se trouvant commandé pour être de ceux qui devaient s'opposer à la descente des Anglais dans l'île de Ré, il s'y signala avec tant de courage que pendant six heures de combat il fut blessé de vingt-sept coups de pique, dont il mourut deux heures après, à trente et un ans. La nouvelle de sa mort fait l'éloge de sa valeur, et les regrets de tout le monde, celui de son mérite. La fin du vaillant gentilhomme fut aussi chrétienne que généreuse ; dès le matin, il s'était préparé au combat par la réception des sacrements et il exhala son dernier soupir dans les sentiments de la piété la plus sincère... Le lendemain, Toiras réclama son corps que lui rendit le général anglais. Il le fit embaumer et enterrer dans l'île de Ré, réservant le cœur pour l'envoyer à Paris, à la veuve éplorée du défunt qui fit déposer avec honneur ces tristes restes dans l'église des Minimes.

Bussy-Rabutin écrit de son côté :

Chantal mourut qu'il n'avait guère plus de trente ans ; s'il eût vécu davantage et qu'il eût servi, comme il aurait fait assurément dans les guerres qui durèrent pendant le règne de Louis treizième, avec la naissance, l'esprit et le courage qu'il avait, vraisemblablement il serait allé aux grands honneurs de sa profession. Je dis vraisemblablement, car de certitude, il n'y en a point. La fortune empêche bien des gens sages de s'assurer de rien [1].

Le combat dans lequel le baron de Chantal trouva la mort avait été livré le 22 juillet 1627. C'est le 15 août que la nouvelle en parvint à la mère de Chantal, auprès de laquelle

---

1. *Abrégé de la Vie de sainte Jeanne-Françoise Frémiot de Chantal*, p. 55.

se trouvait alors son frère, l'archevêque de Bourges, venu à Annecy pour procéder aux informations relatives à la canonisation de saint François de Sales. L'archevêque de Bourges, n'osant annoncer à sa sœur cette triste nouvelle, pria l'évêque de Genève d'en prendre le soin.

Mgr de Genève dit : « Ma mère, nous avons des nouvelles de la guerre, il s'est donné un rude choc en l'île de Ré; le baron de Chantal, avant d'y aller, a entendu la sainte messe, s'est confessé et a communié. — Et enfin, monseigneur, reprit cette digne mère, il est mort. » Le bon prélat se mit à pleurer sans pouvoir répondre une seule parole, et ce fut un gémissement universel dans ce parloir. Cette vraie femme forte, connaissant par là la vérité de sa perte, demeura seule tranquille parmi tant de sanglots, et, s'étant mise à genoux les mains jointes, les yeux élevés au ciel et le cœur percé d'une véritable douleur, elle laissa le passage libre à ses larmes et aux actes de son amoureuse soumission aux volontés divines. Voici ses propres paroles que nous avons ici tracées de la main de notre mère de Châtel, laquelle était à son côté et qui les a soudain écrites : « Mon Seigneur et mon Dieu, dit-elle, souffrez que je parle pour donner un peu d'essor à ma douleur; et que dirai-je, mon Dieu, sinon de vous rendre grâces de l'honneur que vous avez fait à cet unique fils de le prendre lorsqu'il combattait pour l'Église romaine? » Puis, elle prit un crucifix, duquel elle baisa les deux mains : « Mon Rédempteur, dit-elle, je reçois vos coups avec toute la soumission de mon âme et vous prie de recevoir cet enfant entre les bras de votre infinie miséricorde. » Après cela, elle adressa la parole à son cher défunt et dit : « O mon cher fils! que vous êtes heureux d'avoir scellé par votre sang la fidélité que vos aïeux ont toujours eue pour l'Église romaine; en cela je m'estime bienheureuse, et rends grâces à Dieu d'avoir été votre mère. » Sur cela, elle se tourna vers notre chère mère de Châtel, et toutes deux dirent un *De Profundis* [1].

1. *Histoire de la Vie et des Vertus de sainte Jeanne-Françoise de Frémyot de Chantal*, par la mère de Chaugy, p. 242.

Si, après avoir dominé les premiers mouvements de la nature, elle se souvint qu'elle devait à tous l'exemple d'une entière résignation à la volonté de Dieu, ses nombreuses lettres témoignent de l'intensité de son affection maternelle. Elle écrit à Sébastien Zamet, évêque de Langres :

Vous savez l'amour, peut-être trop grand, que j'avais pour ce très cher fils qui m'était doublement unique; je pense vous l'avoir dit autrefois. Eh bien, voilà la bonne main de Dieu qui l'a attiré à soi, bénie soit-elle éternellement. Je vous confesse simplement comme à mon très cher père, que ma douleur est grande, mais sans aucune secousse ni violence, grâce à Dieu.

A sa belle-fille, elle ne recommande pas seulement la résignation, elle manifeste la plus tendre sollicitude pour l'unique enfant qui lui reste de son mariage :

Votre bon mari était mortel comme sont tous les hommes. Oh Dieu! ma fille, repensez aux hasards qu'il a tant de fois courus de perdre la vraie vie de l'éternité. Et voilà que la douceur de notre bon Dieu lui a donné un trépas si chrétien, si glorieux, que nous avons tout sujet de nous confier qu'il a commencé une vie de gloire et de félicité interminable... Conservez-vous, ma très chère fille, pour conserver, en la crainte du Seigneur, le cher gage qu'il vous a donné de ce saint mariage et le tenez seulement comme un dépôt, sans y attacher par trop votre affection afin que la divine bonté en prenne un plus grand soin et soit elle-même toute chose à cette chère petite enfant.

A M. de Coulanges, elle témoigne des liens indissolubles qui continuent de l'attacher à toute sa famille :

L'espérance de vous voir tous et ma pauvre très chère fille avec notre petite, me fait espérer une commune consolation; car je vous proteste. mon très cher frère, que le trépas de mon bon fils ne dissout nullement notre alliance; car outre le petit et très aimable

lien qu'il nous en a laissé, je suis plus que jamais étroitement
conjointe et unie avec votre fille et avec vous et toute votre honorable famille que je prie Dieu remplir de toutes bénédictions [1].

Appelée à Orléans, à la fin de l'année 1627, pour les affaires
de la Visitation de cette ville, la mère de Chantal passa à
Paris les premiers mois de l'année 1628. C'est aussi à ce
moment seulement, le 11 février et jours suivants, qu'en la
présence et à la requête de Philippe de Coulanges et de
Léonor de Rabutin, nommés tuteur et subrogé-tuteur de la
jeune mineure, il fut procédé dans l'hôtel de Coulanges, place
Royale, par les soins de Mes Fieffé et Vigeon, notaires au
Châtelet de Paris, à l'inventaire des biens mobiliers laissés
après le décès du baron de Chantal. Il n'est peut-être pas sans
intérêt de reproduire ici la partie principale de ce document
qui, outre la garde-robe du baron et de la baronne de Chantal
à cette date, nous fait connaître, en leur détail, les meubles
au milieu desquels la future marquise de Sévigné passa ses
premières années :

Premièrement en la chambre étant au-dessus de la salle haute
dudit hôtel a été trouvé et inventorié ce qui ensuit :

Une garniture de lit de satin de la Chine garnie et chamarrée de
crépines et molets de soie d'or et d'argent, composée de six pantes,
trois rideaux, quatre cantonnières, fonds et dossiers, la couverture,
trois soubassements et deux fourreaux de piliers et quatre bouquets
de soie servant audit lit. lesdits rideaux et cantonnières doublés de
taffetas de la Chine, deux fauteuils de bois de noyer couverts dudit
satin de la Chine et garnis de même frange et molet entourés, la
housse d'une forme à soubassement de même étoffe, l'oreiller et un
tapis de table en housse pareillement de la susdite étoffe de satin de
la Chine et garni de même frange et molet que dessus.   600 livres.

1. *OEuvres de sainte Chantal*, VI, 86.

Item, une autre garniture de lit de drap de couleur bleu céleste
en façon de tour de lit, composée de trois pantes, trois grands
rideaux, quatre cantonnières doublées de taffetas blanc et bleu avec
la couverture traînante piquée et de même taffetas enrichi de franges,
crépines et molets d'or et d'argent, le fond et dossier et deux fourreaux de piliers de même taffetas avec quatre pommes de bois
couvertes de même drap et enrichies comme dessus, les housses de
deux fauteuils, de six escabeaux ployants et d'un tapis en housse de
même drap et enrichi de même frange et molet. . . 450 livres.

Item, un ameublement de chambre de bois de noyer, composé
de deux fauteuils, six chaises à vertugadin, six escabeaux ployants
et une forme, le tout couvert de tapisserie neuve de plusieurs
couleurs de point de Hongrie. . . . . 36 livres.

Item un grand tapis de Turquie de pied à mettre sous un lit, à
demi usé. . . . . , . . . 30 livres.

Item un autre petit tapis de Turquie pour servir à table, de cinq
quartiers de long ou environ. . . . . 10 livres.

Habits à l'usage dudit feu sieur baron de Chantal.

Item un manteau de velours noir garni et enrichi de plusieurs
bouquets de broderie de soie noire et doublé de panne aussi de soie
noire avec un habit complet de chausses et pourpoint de satin noir
brodé comme dessus à grandes taillades, ledit pourpoint doublé de
satin noir. . . . . 120 livres.

Item un autre habit complet, savoir le manteau et le haut de
chausses de velours amarante à fond de satin de couleur de céladon,
chamarré de plusieurs passements de soie de même couleur et
doublé de panne aussi de soie de ladite couleur de céladon et le
pourpoint de satin blanc à grandes taillades, chamarré d'un passement de soie de même couleur. . . . . 120 livres.

Item un autre habit complet de manteau, chausses et pourpoint
de taffetas de Milan de couleur blanche et violette, neuf, ledit pourpoint de satin blanc et d'un passement de soie de même couleur. . . . . 90 livres.

Item un pourpoint et haut de chausses de drap d'Espagne de
ladite couleur céladon, chamarré de passements et boutons d'or et

d'argent, ledit haut de chausses garni haut et bas de ses aiguillettes
d'or et soie . . . . 100 livres.

Item un autre habit complet, de pourpoint et chausses de tabi
noir découpé à petit droit fil et de son manteau, de même étoffe,
couleur et façon. . . . . 3o livres.

Item une paire de larges jarretières de taffetas noir plein
bordé de deux côtés et une paire de roses enrichies de dentelles de point d'Espagne d'or, servant à l'habit de velours noir en
broderie. . . . . 15 livres.

Item une autre garniture de jarretières et de roses de taffetas
plein, couleur amarante, garnies et enrichies de grandes et petites
dentelles d'argent, pour servir à l'habit de velours amarante et
céladon. . . . . 4o livres.

Item une autre garniture de jarretières et roses de taffetas plein
blanc et un complet garni d'une grande et petite tavelle d'argent
pour servir à l'habit noir . . . . 8 livres.

Item une autre garniture de jarretières et roses de taffetas plein
noir et à demi usé, enrichie d'une petite tavelle d'or et d'argent
pour servir à l'habit de tabi noir. . . . . 4 livres.

Item une grande écharpe de taffetas bleu brodé et chamarré d'un
large passement à jour d'or et d'argent avec une grande dentelle
aussi de soie d'or et d'argent. . . . . 3o livres.

Item une robe de velours vert sur prairie, doublée de panne de
soie aussi verte, garnie de galons et boutons d'or . . 45 livres.

*Habits à l'usage de ladite femme veuve dudit feu sieur
de Chantal.*

Item une robe de satin noir égratigne avec une pistaque de satin
brodée, telle quelle et à demi usée. . . . . . . 20 livres.

Item une autre robe de petit velours noir à carreaux à fond
de satin avec la pistaque de panne de soie noire aussi à demi
usée . . . . 3o livres.

Item un devantier de satin noir brodé avec ses pièces et manches
de même étoffe et couleur. . . . . 6 livres.

Item un autre devantier, les pièces et manches de taffetas blanc
coupé à droit fil . . . . 6o livres.

Item un cotillon de jupe de tabi blanc, le corps et les manches d'icelui de même étoffe découpée à petit droit fil. . . 12 livres.

Item une autre jupe de satin vert, le corps et manches d'icelle de même étoffe et couleur, le tout découpé et chamarré de passements d'argent. . . . . 15 livres.

Item une autre jupe de taffetas incarnat plein, garni d'un galon à l'entour, plus qu'à demi usée. . . . . 60 sols.

Item une autre jupe de velours couleur amarante, à fond de satin blanc, garnie d'un galon en soie de même couleur à l'entour, plus qu'à demi usée . . . . 60 sols.

Item une cimarre de satin incarnadin moucheté, garnie et enrichie de deux passements d'or et d'argent à l'entour, avec ses petites manches de satin blanc usées . . . . 15 livres.

Item deux lés de toile d'argent de deux aunes ou environ. 4 livres.

Item un coffre de nuit carré, couvert de velours cramoisi et brodé d'un galon d'or, garni de sa serrure fermant à clef, d'un miroir couvert dudit velours de même couleur, d'une pelotte de coton à peignes, soutenue de son pied en châssis de bois peint et doré . . . . 18 livres.

Item deux bottes de passements de soie couleur orange et verte à jour, contenant ensemble la quantité de sept vingt aunes, pesant 40 onces. . . . . 16 livres.

Item un autre habit complet de manteau, pourpoint et haut de chausses, le tout de taffetas noir brodé, imparfait et non parachevé . . . . 120 livres.

Orfèvrerie.

Une plaque servant de benoîtier appelée aurore, deux bras servant de chandeliers, deux petits flambeaux de cabinet, le tout d'argent vermeil doré et ciselé . . 474 livres 7 sols 6 deniers.

Item un petit bassin en ovale, une bassinoire, une aiguière couverte, une écuelle à oreilles couverte, un petit pot ou demi-setier, un petit réchaud, un pot de chambre, une cuiller et quatre grands flambeaux, le tout d'argent, pesant 35 marcs, 2 onces et demie. . . . . 705 livres 5 sols.

Item un cent de jetons d'argent de diverses marques et
devises . . . . . . ✎ . . 41 livres 17 sols 6 deniers.
Item un fil contenant cinquante perles rondes orientales. 150 l.
Item un bracelet de perles . . . . 240 livres.
Item dans la cour dudit hôtel a été trouvé et déclaré appartenir à
ladite succession dudit feu sieur de Chantal un carrosse couvert de
cuir, à huit colonnes, doublé de velours rouge cramoisi à fond de
satin, plus qu'à demi usé, garni seulement de même couleur et de
damas rouge et de ses quatres roues . . . . . . 100 livres.
Item deux chevaux sous poil bai, ayant crin, queue et oreilles,
servant audit carosse, hors d'âge, garni de leurs harnais. 200 livres.
Item un mulet pour porter bagages sous poil brun bai, hors
d'âge, ayant crin, queue et oreilles entières . . . . . 45 livres.

Déclare ledit sieur de Coulanges audit nom que peu après le
décès dudit feu sieur le baron Chantal aurait été ramené et recon-
duit par ledit sieur du Verger, son écuyer et autres domestiques
dudit feu sieur, du chemin de son voyage et de l'armée jusques en
cette ville de Paris, audit hôtel d'icelui sieur de Coulanges où ledit
défunt sieur baron était, comme dit est, demeurant, trois chevaux de
selle et un mulet servant à porter bagages étant de ladite succession
d'icelui défunt, lesquels trois chevaux, pour éviter à la grande
dépense et dépérissement d'iceux, furent et ont été vendus, savoir
l'un d'iceux 300 livres, l'autre 213 livres et le troisième 360 livres
et lesdits deniers desdites ventes d'iceux touchés et reçus par ledit
sieur de Coulanges.

En vertu des procurations de M. de Coulanges et de Léonor
de Rabutin, il fut également procédé le 8 avril 1628, par les
soins de François Bertaigne, lieutenant général au bailliage
d'Auxois, à un inventaire, qui ne nous a pas été conservé,
« des biens meubles, ustensiles d'hôtel, armes, titres, papiers
et enseignements trouvés après le décès dudit feu seigneur
baron de Chantal, appartenant à sa succession, dans le château

de Bourbilly ». Un autre inventaire fut pareillement dressé au château de Montelon, le 9 juin 1628, par Mr Jean Cartelot, bailli et juge ordinaire dudit Montelon[1].

1. Actes énumérés dans l'inventaire dressé après la mort de la baronne de Chantal.

IV

MADEMOISELLE DE CHANTAL ET SA MÈRE

(1627-1633).

Après la mort de son mari la jeune baronne de Chantal continua de résider, avec sa fille, à l'hôtel de Coulanges, place Royale, payant à cet effet à son père, pour les dépenses de sa maison et de son train, une pension annuelle de 2 000 livres[1].

1. Un article de l'inventaire dressé le 9 novembre 1633 et jours suivants après le décès de la baronne de Chantal mentionne ainsi ces dépenses : « Item huit quittances, signées l'une comme l'autre de Coulanges, la première datée du dernier jour d'août 1627, de la somme de 3 366 livres tant de sols reçue par ledit sieur de Coulanges de ladite dame de Chantal, sa fille, tant pour la dépense de bouche que celle de ses chevaux durant l'année commencée le premier de l'année 1626 et finie le dernier mai de l'année 1627; la deuxième, datée du 1er décembre 1628 de la somme de 2 000 livres, reçue de ladite dame de Chantal pour année de la pension d'elle, de son train et chevaux, commencée le 1er août 1627 et finie à pareil jour de l'année 1628; la troisième, datée du 1er décembre audit an 1628, de la somme de 833 livres, 8 sols, 8 deniers pour cinq mois de ladite pension commencée le 1er août lors dernier, finissant le dernier décembre lors prochain; la cinquième, du 25 mai 1631 de la somme de 4 000 livres, reçue par ledit sieur de Coulanges de ladite dame, sa fille, pour deux années de pensions finies le dernier décembre lors dernier; la sixième, écrite en suite de la précédente, datée du 13e août 1632 de la somme de 2 000 livres, pour une année de ladite pension échue le dernier jour de décembre 1631 ; la septième, datée du 1er jour de janvier 1633 de pareille somme de 2 000 livres

Elle y occupe la même chambre au-dessus de la salle haute
de l'hôtel. Le personnel de sa maison comprend un écuyer,
Claude de Certieu, sieur du Verger, un valet de chambre,
Nicolas Traversier, une femme de chambre, Anne Gohory,
que nous retrouverons encore vingt ans plus tard auprès de
mademoiselle de Chantal, devenue marquise de Sévigné; deux
laquais, Claude Pignaudet et Jules Grelay, et un cocher.
A l'écurie, elle possède « un cheval sous poil bai brun » et
« un carrosse de velours violet chamarré de passements de soie
veloutée à tulipes, garni de huit rideaux de damas et de son
attirail ».

Pendant toute cette période, son existence continue aussi
d'être intimement liée à celle de son père et de toute sa
famille. Depuis le jour où, par l'alliance d'un de ses membres
avec un Rabutin, la famille de Coulanges s'est fait une place à
Paris et à la Cour, elle n'a cessé d'accroître ses relations et son
influence. En 1624, le frère aîné de la baronne de Chantal,
Philippe de Coulanges, d'abord associé aux opérations de son
père, achète de Nicolas Le Gras, secrétaire des commandements de la Reine, pour la somme de 120 000 livres, une
charge de trésorier de France à Paris; le 16 janvier 1626, il
reçoit des lettres de conseiller d'État; le 22 novembre de cette
même année, par son mariage avec Marie Le Fèvre d'Ormesson,
il s'allie à une des familles parlementaires les plus renommées;
en 1632, il vend pour 119 000 livres sa charge de trésorier de
France à Paris et achète pour la somme de 153 000 livres, de
son beau-frère André Le Fèvre d'Ormesson, celle de maître
ordinaire en la Chambre des Comptes. — Depuis 1623, son

pour une année de ladite pension échue le dernier jour de décembre 1632 ; la
huitième et dernière datée du 3ᵉ juillet audit an 1633 de la somme de
1 000 livres reçue par ledit sieur de Coulanges de ladite dame de Chantal,
sa fille, sur sa pension de la présente année. »

jeune frère, Christophe de Coulanges, « le bien bon », dont le nom reviendra si souvent dans l'histoire de madame de Sévigné, est abbé de Livry, près Paris. Le 22 septembre 1631, la baronne de Chantal assiste au contrat de mariage de sa sœur, Henriette de Coulanges, avec François Le Hardy, seigneur de la Trousse, fils de Sébastien Le Hardy, seigneur de la Trousse, prévôt de l'Hôtel du Roi et grand prévôt de France. Dans les années suivantes, leurs jeunes frères s'élèvent à leur tour, et, en 1638, nous trouvons Antoine, sieur de Richefons, et Louis, sieur de Chésières, tous les deux lieutenants au régiment des gardes du Roi[1]. La fortune de la famille, favorisée par les opérations de M. de Coulanges en matière de gabelles, s'est en même temps notablement accrue. La dot de la baronne de Chantal n'avait été que de 90 000 livres; celle de sa sœur Henriette, huit ans plus tard, fut portée à 120 000 livres.

A côté de ce spectacle d'activité incessante et de richesse sans cesse accrue, l'hôtel de la place Royale offrait aussi celui des meilleures vertus domestiques. Dans cette famille d'élévation toute récente et qui n'a point oublié ses origines, les distinctions d'ordre social existent à peine. Commis employés pour les besoins de la ferme des gabelles ou domestiques attachés à la maison sont intimement mêlés aux événements de la famille. Le 17 novembre 1624, le mariage de Nicole Bidart, fille majeure, « servante en la maison et au service de monsieur et madame de Chantal », avec Nicolas Demay, carrier et terrassier à Paris, est célébré en présence de « Philippe de Coulanges et Marie de Bèze, son épouse, ses maître et maîtresse, Philippe de Coulanges, leur fils; dame Marie de Coulanges, épouse du sieur baron de Chantal; damoiselle Hen-

---

1. Acte reçu par M⁰ Bruneau, notaire à Paris, le 26 avril 1638.

riette de Coulanges; maître François Le Breton, secrétaire
ordinaire de la Chambre du Roi et secrétaire ordinaire dudit
sieur de Coulanges, et Claude de Certieu, écuyer, sieur du
Verger, demeurant au service desdits sieur et dame baronne
de Chantal[1]. » C'est la même assistance que nous trouvons
cinq ans plus tard au mariage de Gabriel Marteroy, « domestique de M. de Coulanges[2] ». A l'égard de ces serviteurs de
toutes catégories la libéralité de M. de Coulanges se traduit
aussi sous les formes les plus diverses. Le 20 avril 1630, après
avoir reconnu par acte solennel que François Le Breton,
son commis, lui a rendu bon et fidèle compte de tous les
deniers qu'il a reçus pour lui durant les sept dernières
années du bail de la ferme des gabelles du Languedoc,
et après l'avoir payé de ses gages, « désirant le traiter favora-
blement », il lui fait, en outre, don d'une somme de 3 500
livres[3]. Le 27 juillet 1632, « par donation entre vifs, pure,
simple et irrévocable », il concède de même à Adrien Dupin,
son domestique, une rente de 82 livres 10 sols « en considération des bons et agréables services que ledit sieur donateur a
reçus dudit destinataire depuis le temps qu'il est à son service,
outre ses salaires et gages que ledit sieur donateur, son maître,
lui a payés[4] ». En 1633, lorsque après le décès de la baronne
de Chantal, sa fille, il est obligé de donner congé au laquais
de celle-ci, Claude Pignaudet, âgé de dix-neuf ans, « pour le
projet et utilité faire » dudit Pignaudet, il le met en apprentissage pour une durée de quatre ans auprès de maître Etienne
Subtil, maître cordonnier à Paris, et paie pour lui à cet effet
une somme de cent livres, moyennant laquelle ledit Subtil

---

1. Acte reçu par M⁰ Vigeon, notaire à Paris, le 17 novembre 1624.
2. Acte reçu par M⁰ Vigeon, notaire à Paris, le 26 juin 1629.
3. Acte reçu par M⁰ Vigeon, notaire à Paris, le 20 avril 1630.
4. Acte reçu par M⁰ Baudoin, notaire à Paris, le 27 juillet 1631.

s'engage « à montrer et enseigner à son pouvoir audit apprenti sondit métier de cordonnier, la marchandise, et tout ce dont il s'entremet en icelui, lui fournir et livrer ses aliments corporels et le coucher doucement, comme il appartient[1] ». Même contrat est passé ledit jour par M. de Coulanges en faveur de Gilles Grelay, ci-devant laquais de la baronne de Chantal, âgé de dix-sept ans, auprès de maître Simon Lévêque, maître charron à Paris. C'est encore de la même manière que, le 29 novembre 1636, Philippe de Coulanges, frère de la baronne de Chantal, « pour le profit faire de Claude Castallon, l'un de ses domestiques », le met en apprentissage pour une période de quatre ans auprès de Louis Le Vavasseur, maître menuisier à Paris, et paie pour lui, à cet effet, une somme de 120 livres[2]. Ces exemples ne seront point perdus pour mademoiselle de Chantal que nous verrons plus tard s'inspirer de traditions analogues à l'égard de ses domestiques et qui lui vaudront aussi, en retour, des dévouements exemplaires, tel celui de cette Anne Gohory, dont le frère, Jacques Gohory, fut longtemps commis des gabelles au service de M. de Coulanges et qui, avant de mourir, non seulement déclarait que, depuis le mariage de madame de Sévigné, elle n'était restée auprès d'elle que par « pure affection », sans lui demander « aucune reconnaissance ni appointements, ayant eu assez de biens de son chef pour s'entretenir honorablement », mais encore léguait à sa maîtresse une partie de sa fortune[3].

Tout autant que dans sa propre famille, la baronne de Chantal trouva, dans son veuvage, des consolations et un appui auprès de sainte Chantal, sa belle-mère, et du frère de

---

1. Acte reçu par Me Baudoin, notaire à Paris, le 13 décembre 1633.
2. Acte reçu par Me Vigeon, notaire à Paris.
3. *Lettres de madame de Sévigné*, I, 333.

celle-ci, André Frémyot, archevêque de Bourges. Nous avons déjà mentionné à diverses reprises la profonde affection de ce dernier pour Celse-Bénigne qu'il aimait, écrit la mère de Chaugy, « non comme un neveu, mais comme son propre fils ». Lorsque au mois d'août 1627, se trouvant à Annecy pour travailler à la béatification de saint François de Sales, il y avait appris la mort du jeune baron, il avait d'abord versé « tant de larmes et de soupirs qu'il émouvait tout le monde à faire comme lui », plus affligé même que la mère de Chantal à qui il ne pouvait s'empêcher de dire : « O ma chère sœur, votre résignation m'épouvante ; elle est digne de votre seule vertu ; pour moi, je n'y saurais encore atteindre » et il « racontait par le menu les perfections, le mérite et le bon naturel du fils, soulageant sa douleur en l'augmentant par les petits souvenirs qui sont si chers après la perte de quelque personne bien-aimée[1] ». Rentré à Paris, il avait reporté sur la veuve et sur la fille de son neveu toute la tendresse qu'il avait eue pour ce dernier. Dans cet hôtel de la place Royale, qu'il ne cessa d'habiter[2], il n'est pas douteux que Marie de Rabutin n'ait fait de fréquentes visites. Sa mère est de son côté toute pleine d'attentions pour le bon archevêque dont la santé, de plus en plus ébranlée, demande des soins assidus. A l'occasion aussi, elle s'intéresse aux affaires de la Visitation[3].

1. *La Vie et les Vertus de sainte Jeanne-Françoise Frémyot de Chantal*, par la mère de Chaugy, p. 214.

2. Le 19 décembre 1633, Jacques Danville, maître jardinier, demeurant Vieille-Rue-du-Temple, à Paris, fait marché avec messire André Frémyot, ancien archevêque de Bourges « de présent en son hôtel sis place Royale » pour entretenir moyennant vingt livres par an « un jardin qui est en la maison et hôtel où ledit seigneur de Bourges est, comme dit est, demeurant » (Acte reçu par M⁰ Vigeon, notaire à Paris).

3. La mère de Chantal écrit à Mgr Jean-François de Sales, évêque de Genève, le 30 juillet 1628 : « Mgr de Paris donne toujours quelque espérance pour les affaires de nos bons Pères Barnabites. Mgr de Bourges laisse le

Un moment même, il est question d'un voyage qu'elle doit faire à Annecy, en compagnie de Mgr de Bourges, et qu'une maladie de celui-ci ne lui permit pas d'accomplir[1]. La mère de Chantal, de même que son frère, ne manquèrent d'ailleurs aucune occasion de s'associer aux efforts de la jeune veuve pour sauvegarder et défendre les intérêts de sa fille mineure.

En présence des nombreuses dettes laissées par son mari, le premier soin de la baronne de Chantal avait dû être de demander à renoncer à sa succession, mais, alors âgée de moins de vingt-cinq ans, elle n'avait pu le faire qu'après un avis de parents homologué par le lieutenant civil au Châtelet de Paris le 8 novembre 1627.

Une double tâche s'imposait à la baronne de Chantal, désireuse de défendre les intérêts de sa fille. Elle devait payer les nombreuses dettes, non encore acquittées, de son mari ; elle devait aussi mettre fin au différend soulevé par les prétentions de madame de Toulongeon, sa belle-sœur, quant au partage de biens survenu entre celle-ci et son frère, prétentions qui ne tendaient à rien moins qu'à priver la jeune mineure d'une partie de son patrimoine.

La question des dettes était la plus urgente et fut résolue

---

soin de cette poursuite à notre chère sœur de Villeneuve et à ma fille de Chantal, lesquelles ne s'y endormiront pas » (*Œuvres de sainte Chantal*, VI, 187).

1. La mère de Chantal écrit à la mère Favre, supérieure du deuxième monastère de Paris, dans les premiers jours du mois de mars 1632, en parlant de Mgr de Bourges : « Ma fille de Chantal a bien envie de venir ici avec lui ; mais je ne sais s'il l'agréera » ; le 29 mars, elle écrit à la même : « Je suis soulagée de ce qu'il n'amènera pas ma fille de Chantal, pour la crainte que j'avais que cela ne l'incommodât ; mais il ne le lui faut pas dire à elle, car elle pourrait penser que je ne l'aime pas, bien que je la chérisse de tout mon cœur ; mais les entrevues me sont assez indifférentes » (*Œuvres de sainte Chantal*, VII, 45 et 61).

la première. De nombreux créanciers, dont nous avons déjà mentionné les principaux, s'étaient empressés, en vue de la conservation de leurs droits, d'obtenir des jugements leur permettant de faire saisir les biens du défunt, tant à Paris qu'en Bourgogne. « Pour éviter la ruine entière des biens délaissés par ledit sieur de Chantal », la jeune veuve, à l'aide de sommes en partie à elle avancées, pour cet effet, par M. de Coulanges, son père [1], avait fait procéder au paiement de ces créances, soit directement à Paris, soit en Bourgogne, par l'intermédiaire de messire Jean Coulon, « commissaire établi au régime et gouvernement des terres et seigneuries de Montelon et Bourbilly ». En vertu des stipulations de son contrat de mariage, elle se faisait à son tour reconnaître créancière vis-à-vis de la succession de son mari et, le 5 mars 1630, elle donnait procuration « pour comparoir en son nom par-devant M. le lieutenant général d'Autun et poursuivre les criées, vente et adjudication de la terre et seigneurie de Montelon, consistance et dépendances [2] ». Sur ce point, elle se heurtait d'ailleurs à l'opposition formée sur cette terre par sa belle-sœur, madame

---

1. Le 6 février 1632, par acte reçu par Mᵉ Vigeon, notaire à Paris, la baronne de Chantal reconnaissait « avoir eu et reçu, à plusieurs et diverses fois, de messire Philippe de Coulanges, son père, la somme de dix mille livres, pour employer en son profit et à l'acquit de plusieurs dettes dues par ledit feu sieur baron de Chantal, son époux ». Le 25 février suivant, par acte reçu par Mᵉ Baudoin, notaire à Paris, elle reconnaissait avoir reçu de son père une nouvelle somme de 9 471 livres, représentant le prix auquel était taxé l'office de garde du petit scel du grenier à sel de Rouen, dont elle était propriétaire, pour jouir du nouveau droit de trois deniers par livre affecté à cet office.

2. L'inventaire dressé à la mort de la baronne de Chantal, le 9 novembre 1633, contient de nombreuses mentions de ces paiements faits par la baronne de Chantal à la décharge de la succession de son mari, pendant les années 1627, 1628, 1629 et 1630. Dès le 12 décembre 1627, elle était déjà, de ce chef, créancière sur cette succession, d'une somme de 16 577 livres 10 sols. (Acte reçu par Mᵉ Vigeon, notaire à Paris, le 5 mars 1630.)

de Toulongeon, en vertu de prétentions aussi tenaces que peu fondées.

Nous avons déjà eu l'occasion d'exposer les manifestations d'avarice de cette fille de sainte Chantal dans ses démêlés avec Celse-Bénigne, au sujet de la succession de leur père, comme ses convoitises à l'égard de la succession de l'archevêque de Bourges, leur oncle. La mort de son frère avait laissé sans solution la première de ces questions. Des trois terres que la famille de Chantal possédait en Bourgogne, Bourbilly, Sauvigny et Montelon, les prétentions de madame de Toulongeon, prétentions que le temps n'avait fait qu'accroître, ne visaient à rien de moins qu'à réclamer pour elle-même les deux dernières. En face de ces prétentions, la mère de Chantal dut intervenir et la lettre que, de Paris où elle avait prolongé son séjour pour conférer à ce sujet avec M. de Coulanges, elle adressait à sa fille, le 10 mai 1628, vaut d'être reproduite ici, pour permettre d'apprécier toute la vivacité du conflit qui venait de s'élever au sujet des intérêts de la future marquise de Sévigné :

Votre belle-sœur vous écrit. Certes, elle se comporte avec tant de vertu, et se rend tous les jours plus affectionnée aux parents de feu mon pauvre fils, que cela nous doit obliger tous de l'aimer. Elle a un grand désir que l'amitié de sœur soit conservée entre vous. La petite orpheline est si uniquement chérie d'elle et de toute la maison qu'il ne se peut rien désirer de plus. J'en reçois une grande consolation. M. Coulon leur a apporté ici tous les contrats, M. de Coulanges l'ayant ainsi désiré, afin de me faire voir toutes les consultations, et par icelles ce que je savais déjà bien, ainsi que j'en donne le mémoire à M. de Bussy, pour vous faire voir, afin que M. de Saint-Satur[1] prenne quelque résolution de se départir de ses

____

1. Claude de Toulongeon, abbé de Saint-Satur, frère du comte de Toulongeon et chargé des intérêts de celui-ci pendant son absence.

prétentions ou bien de les déclarer; car M. de Coulanges désire d'être
éclairci de ce côté-là avant que mettre ordre à l'hoirie de mon fils.
C'est pourquoi, ma très chère fille, je vous supplie que l'on se
résolve; car si l'on met cette affaire en des longueurs, l'hoirie se
consommera à la ruine de la petite de Chantal. Or sus, j'espère de
la bonté de Notre Seigneur qu'il nous fera connaître à tous la vérité,
et que, cela étant, nous conserverons ce qui est plus précieux que
tous les biens du monde, qui est la sainte paix et amitié entre les
familles. M. Coulon vous saura témoigner l'affection que M. de
Coulanges et ma fille de Chantal ont pour cela et pour faire tout
ce qui sera raisonnable et vite. Voilà, ma très chère fille, ce dont je
puis vous assurer et vous supplie d'y penser; car de dire que vous
quitterez tout, si je vous le commande, cela n'est rien, car si vous
aviez une juste prétention, je voudrais que l'on vous fît contentement, cela étant plus que raisonnable; mais, si vous n'en avez point,
comme je le crois, et que les titres en font foi plus que le jour en
plein midi, je voudrais que l'on n'y prétendît rien, et qu'on laissât
faire en paix les affaires de cette pauvre petite. Que si Dieu la
retire, vous aurez alors de quoi vous contenter. Voilà, ma très chère
fille, ce que j'ai cru vous devoir écrire pour la dernière fois, s'entend
de cette affaire[1].

L'archevêque de Bourges, André Frémyot, écrivait encore
à ce sujet à sa sœur, la mère de Chantal, à la date du
1er juin 1631 :

M. de Saint-Satur est à Dijon où il a consulté contre la petite
madame de Chantal et est quasi sur le point d'intenter l'action. Je
l'ai prié de différer encore et de m'envoyer par écrit les moyens de
prétention de madame de Toulonjon afin que, s'il trouve que ladite
dame de Toulonjon y soit bien fondée, il lui fasse raison par lui-
même plutôt que la justice l'y condamne. J'ai obtenu cette grâce

1. *OEuvres de sainte Chantal*, VI.

dudit sieur de Saint-Satur, j'attends donc qu'il m'envoie lesdites prétentions [1]...

Bien que l'inanité de ses prétentions fût, au dire de sa mère, plus claire que le jour en plein midi, et malgré les instances de celle-ci, madame de Toulongeon ne se laissa point convaincre. Deux mois plus tard, la mère de Chantal, de Riom où elle se trouvait, dut, avant de rentrer à Annecy, faire un voyage en Bourgogne pour tenter une nouvelle démarche. « Il est nécessaire, pour la gloire de Dieu et le bien de la paix, en ce peu de famille qui reste de mon fils, que je passe chez ma fille [2]. » Cette tentative ne devait pas être moins vaine que la première et c'est, à n'en pas douter, madame de Toulongeon, soutenue peut-être par le comte de Bussy, qu'il faut voir dans ces chicaneurs, que la mère de Chantal traite si durement dans la lettre qu'elle adressait le 1er juillet 1629 à madame de Coulanges pour la remercier, ainsi que son mari et sa fille, de leurs bons souhaits et de leurs bons offices :

Je désire de tout mon cœur que mon Dieu m'exauce au désir continuel que j'ai que ses plus riches et saintes bénédictions abondent sur vous trois et s'étendent sur toute votre honorable famille, car tout m'en est extrêmement cher et me semble que soit la mienne propre. C'est ce qui me fait si fort ressentir, ma très chère sœur, les déplaisirs que vous recevez des desseins chicaneurs de ceux qui devraient user de continuelle reconnaissance envers mon tout bon et très cher frère et vous, pour l'incomparable amour et soin que vous avez eus pour celui qui leur était à honneur, et dont la mémoire leur devrait être non moins chère, et que vous

1. *Les deux filles de sainte Chantal*, par madame la comtesse de Menthon, p. 358.

2. La mère de Chantal à la mère de Blonay, 14 août 1628 (*OEuvres de sainte Chantal*, VI, 193).

avez encore pour cette pauvre petite pouponne, que vous obligez si paternellement et maternellement tous deux.

Ce n'est qu'en 1633, grâce à l'influence conciliatrice de l'archevêque de Bourges et de Mgr de Neuchèze, évêque de Chalon, oncle et cousin de madame de Toulongeon, et devenus ses représentants à la place de l'abbé de Saint-Satur, qu'une transaction put enfin être conclue avec les représentants de mademoiselle de Chantal, c'est-à-dire Philippe de Coulanges, son grand-père et tuteur, Léonor de Rabutin, son subrogé-tuteur, François de Rabutin, baron d'Espéry, Philippe de Coulanges, Christophe de Coulanges et François Le Hardy, marquis de la Trousse, ses oncles.

Après que les deux parties eurent longuement exposé leurs dires et les raisons de leurs différends pour lesquels « elles étaient en voie d'entrer en de très grands procès, pour auxquels éviter, nourrir paix et amitié entre personnes si proches », elles transigèrent aux conditions suivantes :

C'est assavoir que lesdits seigneurs archevêque et évêque devant nommés audit nom se sont pour lesdits sieur et dame de Toulongeon désistés et départis, se désistent et départent par ces présentes de toutes prétentions et demandes qu'ils voulaient et entendaient faire pour raison du supplément de légitime qu'ils prétendaient ès biens de la succession dudit feu seigneur de Chantal, aïeul de ladite mineure, et se contenteront lesdits seigneurs et dame de Toulongeon du droit de légitime et avantages à eux faits tant par leur contrat de mariage que autrement sans que ci-après eux, leurs hoirs et ayant cause en puissent faire demande ni action en quelque sorte que ce soit, consentent et accordent lesdits seigneurs archevêque et évêque audit nom que ladite demoiselle mineure jouisse de tous les biens dudit feu sieur baron de Chantal son père, et de ceux dudit feu sieur de Chantal son aïeul, sans que lesdits sieur et dame de Toulongeon, leursdits hoirs et ayant cause les en puissent inquiéter ni troubler à l'avenir. Et outre, ont iceux seigneurs archevêque et évêque audit nom remis, quitté et délaissé à icelle demoiselle mineure, ce acceptant, pour elle, ses hoirs et ayant cause par ledit sieur de Coulanges audit nom, ladite terre de Sauvigny et ses appartenances et dépendances tout ainsi qu'elle a été baillée et délaissée auxdits sieur et dame de Toulongeon et encore lesdits seigneurs archevêque et évêque audit nom ont remis et quitté la somme de quinze cents livres tournois contenus en la promesse dudit feu sieur baron de Chantal et promettent de faire rendre icelle promesse dedans lesdits deux mois prochains, et le tout moyennant la somme de douze mille livres tournois à quoi a été convenu et accordé entre les parties esdits noms pour tout ce que dessus, laquelle somme de douze mille livres ledit sieur de Coulanges audit nom promet et sera tenu de payer auxdits seigneurs archevêque et évêque audit nom ou auxdits sieur et dame de Toulongeon ou au porteur des présentes pour eux en cette ville de Paris dedans deux mois prochains [1].

A cette somme de 12 000 livres il convenait encore d'ajouter une somme de 3 900 livres due à monsieur et madame de Toulongeon par la succession du baron de Chantal pour divers arrérages d'intérêts. Sur un point toutefois, et le plus important, cet acte n'était que l'expression imparfaite de la vérité. Une contre-lettre passée le même jour, entre les mêmes parties, portait en effet vente au comte et à la comtesse de Toulongeon, au nom de mademoiselle de Chantal, de la terre et seigneurie de Montelon, pour une somme de 30 000 livres sur laquelle, déduction faite de ce qui leur était dû, il ne leur restait plus à payer qu'une somme de 14 100 livres.

... Lesquelles parties esdits noms ont reconnu et confessé encore que par le contrat de transaction passé entre elles, en la présence de Messieurs les parents et amis de ladite demoiselle mineure ci-après nommée cejourd'hui pardevant les notaires soussignés, il

1. Acte reçu par Mc Tolleron, notaire à Paris, le 22 février 1633.

7

soit porté que ledit sieur de Coulanges, audit nom, sera tenu de payer auxdits seigneurs archevêque et évêque auxdits noms ou auxdits sieur et dame de Toulongeon, la somme de douze mille livres tournois à quoi a été convenu et accordé pour tous les droits, prétentions et remises faites et déclarées par ledit contrat, dedans deux mois prochains, et qu'à faute de ce faire, ledit temps passé, lesdits sieur et dame se pourront adresser sur les biens de ladite demoiselle mineure, ainsi qu'ils aviseront tant pour le payement desdites douze mille livres de principal que pour les intérêts d'iceux qui écherront après ledit terme expiré, néanmoins, lesdites parties esdits noms ont entendu et entendent qu'icelle somme de douze mille livres tournois entrera en diminution de la somme de trente mille livres tournois, à quoi ladite dame de Chantal est demeurée d'accord pour le prix de la terre et seigneurie de Montelon, size au baillage d'Autun en Bourgogne, avec ses appartenances et dépendances tout ainsi que ledit feu sieur de Chantal en jouissait, y compris le bétail qui est à présent en ladite terre, et outre que sur ledit prix sera aussi déduit et rabattu la somme de trois mille neuf cents livres tournois pour le principal de deux cent quarante-trois livres, quinze sols de rente que lesdits sieur et dame de Toulongeon ont droit de prendre sur les biens dudit feu sieur de Chantal, laquelle somme de trois mille neuf cent livres tournois de principal ou ladite rente auraient été réservés par ledit contrat au profit desdits sieur et dame de Toulongeon avec intention de les déduire et rabattre sur ledit prix tellement qu'il ne reste plus de ladite somme de trente mille livres tournois du prix de ladite terre de Montelon que quatorze mille cent livres tournois, quelle somme de quatorze mille cent livres tournois lesdits seigneurs archevêque et évêque audit nom ont promis, seront tenus et promettent bailler et payer à icelle dame de Chantal ce acceptant, en déduction de ce qui peut être dû par ladite demoiselle sa fille et les biens dudit feu sieur de Chantal, tant de son chef à cause de ses conventions matrimoniales que comme ayant droit pour transport de plusieurs créanciers dudit défunt sieur son mari, et ce dedans lesdits deux mois prochains en cette ville de Paris, en la maison d'icelle dame de Chantal [1].

1. Acte reçu par Me Tolleron, notaire à Paris, le 22 février 1633.

Cette somme de 14 100 livres que M. et madame de Toulongeon devaient payer avant d'être mis en possession de Montelon était notablement inférieure à celle dont la baronne de Chantal avait dû acquitter les dettes de son mari et pour lesquelles elle était créancière de sa succession. La terre et seigneurie de Montelon, possédée depuis plus de deux siècles par la branche aînée des Rabutin, le château de Montelon, que la mère de Chantal avait habité pendant plusieurs années, étaient donc pour mademoiselle de Chantal la rançon des dépenses excessives de son père. Quant aux dettes anciennes de la famille, c'était, comme nous l'avons vu, l'archevêque de Bourges qui, par le contrat de mariage du baron de Chantal, s'était engagé à les acquitter ; mais qu'adviendrait-il, si à la suite de la mort prématurée de celui-ci, la fille unique qu'il laissait après lui venait elle-même à décéder sans enfants ? Le 11 mai 1632, l'archevêque de Bourges avait pourvu à cette éventualité, en décidant qu'en pareil cas cette libéralité profiterait tout entière à la jeune veuve :

Etant ledit sieur de Chantal décédé n'ayant laissé que demoiselle Marie de Rabutin, fille unique, de laquelle messire Philippe de Coulanges, son aïeul, est tuteur et, venant ladite demoiselle de Rabutin à décéder sans enfants, l'intention dudit seigneur archevêque ne serait pas que les héritiers collatéraux de ladite demoiselle profitassent de la gratification par lui faite, en faveur dudit feu sieur de Chantal, son neveu, et de ses enfants seulement, ains audit cas, veut et entend icelui seigneur disposer desdites dettes et constitutions de rentes comme il peut et lui est permis, attendu qu'elles ont été payées et acquittées de ses propres deniers en conséquence de la promesse mentionnée au contrat de mariage desdits sieur de Chantal et dame Marie de Coulanges. A ces causes, ledit seigneur pour aucunement reconnaître l'honneur que ladite dame, Marie de Coulanges, porte à la mémoire dudit feu sieur de Chantal, son mari, et pour la bonne amitié qu'il lui a toujours portée et porte encore à

présent, de son bon gré, pure, franche et libre volonté, a donné, cédé,
quitté, transporté et délaissé du tout dès maintenant et à toujours,
par donation entre vifs, pure, simple et irrévocable et en la meilleure
forme qu'il se peut, et promet ledit seigneur garantir de tous troubles
et empêchements quelconques à ladite Marie de Coulanges à ce présente, stipulante et acceptante pour elle, ses hoirs et ayant cause à
l'avenir, au cas que ladite demoiselle Marie de Rabutin vienne à
décéder sans enfants, toutes les sommes de deniers que ledit seigneur
a payées et acquittées, ensemble toutes les rentes qui ont été par lui
rachetées des créanciers de la maison dudit feu sieur de Chantal,
ensuite de la promesse faite par ledit seigneur, mentionnée audit
contrat de mariage et en faveur d'icelui à la décharge dudit sieur de
Chantal, son neveu, et de ses enfants, voulant qu'audit cas de décès
de ladite demoiselle Marie de Rabutin sans enfants, icelle dame
Marie de Coulanges, sa mère, puisse jouir, faire et disposer en
pleine propriété desdites dettes et rentes, tant en principal que intérêts et arrérages, à quelque somme que le tout se puisse monter et
valoir et sans rien retenir ni réserver comme de chose à elle appartenant...

C'est au moment où la baronne de Chantal avait pourvu
de son mieux aux intérêts de sa fille, où elle avait par sa
bonté gagné toutes les sympathies, qu'elle était enlevée presque subitement. Vers le milieu d'août 1633, la mère de
Chantal écrivait à son frère :

Votre lettre du 8 de ce mois m'a sensiblement touchée, par la
maladie de ma pauvre très chère fille de Chantal et par la douleur
où je vous en vois. Eh! Dieu nous la voudrait-il aussi ravir? Si
c'est sa volonté, je l'adore de tout mon cœur; car, en tout et partout, nous la voulons embrasser amoureusement. Et ce m'est à consolation, mon très cher seigneur, de vous voir fermement uni à ce
divin vouloir, nonobstant les sensibles et tendres affections dont
votre naturel est comme accablé, et qui causent un grand redouble-
ment à ma douloureuse appréhension du succès de cette maladie.

Le 28 août, une autre lettre de la mère de Chantal à la mère Bollain, supérieure du premier monastère de la Visitation de Paris, ne laissait plus aucun espoir. « Hélas, vous pouvez penser si je suis vivement touchée de l'extrémité de ma pauvre fille de Chantal, tant pour voir toute sa maison en désolation que particulièrement pour l'affliction croissante qu'en a notre très digne Mgr de Bourges [1]. » Deux jours plus tard, la baronne de Chantal mourait, âgée de trente ans à peine, « faisant son passage, écrivait sa belle-mère, non seulement avec résignation, mais encore avec une entière indifférence de vivre ou de mourir. Quelle vertu dans une âme si jeune et qui n'eût aimé cette âme parfaitement? [2] » Lorsqu'elle reçut cette nouvelle, la mère de Chantal, malgré son indifférence pour toutes les affections du monde, en fut vivement touchée :

Il faut avouer, mon très cher seigneur, écrit-elle à son frère, qu'à la rencontre que je fis, dans un petit billet, de la mort de notre pauvre très chère fille, je fus tellement saisie qu'il y a apparence que. si j'eusse été debout, je fusse tombée de mon haut, et n'ai pas souvenance qu'aucune affliction m'ait causé un tel effet; mais, à la lecture de votre lettre, Seigneur Jésus! mon très cher seigneur, quel contre-coup à mon chétif cœur, et combien votre douleur a accru la mienne! Je vois le juste sujet que vous en avez, et combien de douceur et support en votre âge vous avez perdu en cette fille si parfaitement affectionnée à votre santé et à tout ce qui concerne votre service. J'écris à monsieur et madame de Coulanges, lesquels, je m'assure, ont reçu un grand coup pour cette si rude perte. Je crois que leurs cœurs seront toujours les mêmes qu'ils ont été envers la pauvre petite orpheline. Mon Dieu! quand mes yeux se tournent de ce côté-là, il ne faut pas que je les arrête guère. Je l'ai remise à Dieu, qui, j'espère, lui sera père et protecteur, et l'ai donnée à la Sainte

1. OEuvres de sainte Chantal, VII, 238.
2. Sainte Chantal à madame de Toulongeon, Ibid., VII, 243.

Vierge de tout mon cœur. Hélas! je crois que nos sœurs de l'une
et l'autre maison n'ont rien oublié en cette occasion; car, outre le
très particulier amour qu'elles portaient à notre tout aimable
défunte, elles ont ressenti en sa perte votre affliction et la mienne.
J'ai quelque soulagement de la savoir en dépôt, avec le cœur de
mon pauvre fils, chez nos sœurs de là[1].

Il faudrait citer ici toutes les lettres dans lesquelles la sainte
fondatrice de la Visitation exprime sa douleur de cette mort ;
elles ne sont pas seulement le meilleur éloge de la défunte,
elles attestent aussi de la manière la plus éloquente la tendre
affection que la mère de Chantal ne cessa de témoigner pour
sa petite-fille. Elle écrit à madame de Coulanges, mère de la
défunte :

Madame toute chère et très honorée sœur, Hélas! et qui eût jamais
pensé que nous dussions nous condouloir ensemble sur le trépas de
cette fille si uniquement aimée et si entièrement aimable?... Pour
notre petite orpheline, je ne la plains pas, tandis qu'il plaira à Dieu
de conserver mon très honoré frère et vous, ma toute chère sœur;
car je sais que plus que jamais vous lui serez vrais père et mère, et
que Messieurs vos dignes enfants la chériront toujours. Le cœur
m'attendrit fort quand je la regarde dans ce dépouillement de père
et de mère; mais je la mets de bon cœur entre les mains de notre
bon Dieu et de sa très sainte mère.

A madame de Toulongeon, sa fille :

Je savais la parfaite union qu'il y avait entre vous et notre chère
défunte; c'est pourquoi je peux bien juger que son départ vous a
causé une extrême douleur, comme, à mon avis, il a fait à tous ceux
à qui elle appartenait, et qui avaient une singulière amitié et connaissance avec elle.

1. *OEuvres de sainte Chantal*, V I I, 239.

A son neveu, Mgr de Neuchèze, évêque de Chalon :

Hélas! ne vous dirai-je pas la sensible touche que mon cœur a reçue par le trépas de ma pauvre et très chère fille de Chantal que j'aimais tendrement, comme en vérité sa vertu et son bon naturel m'y obligeaient[1].

Le cœur du baron de Chantal avait été déposé dans l'église de la Visitation de la rue Saint-Antoine. C'est aussi là que fut déposé le corps de la baronne de Chantal. La mère de Chantal écrivait à ce sujet à la mère Bollain, supérieure de ce monastère :

Mgr de Bourges m'écrit que votre maison a bien témoigné son affection envers cette chère défunte pendant sa maladie et après sa mort, de quoi j'ai pensé vous devoir remercier, ma très chère fille, bien que je crois que vous n'avez regardé que Dieu en tout cela : ce m'est bien de la consolation de savoir que son corps soit chez vous en dépôt[1].

Le 9 novembre 1633 et jours suivants, il fut procédé, à la requête de Philippe de Coulanges et de Léonor de Rabutin, comte de Bussy, en l'hôtel de Coulanges, par les soins de Mes Tolleron et Baudouin, notaires au Châtelet de Paris, à l'inventaire des meubles et papiers laissés après le décès de la baronne de Chantal. Nous n'insisterons pas sur ce document qui, pour le mobilier, le linge et la garde-robe de la défunte, ne fait guère que reproduire l'inventaire dressé cinq ans auparavant, après la mort de Celse-Bénigne. Notons pourtant « deux médailles d'argent, garnies d'ébène, où est représenté à chacune d'icelle le portrait du roi; une autre médaille. aussi d'argent, où est représenté le portrait de la reine; un petit tableau peint en huile sur bois, garni de sa bordure

1. *OEuvres de sainte Chantal*, VII, 249.
2. *Ibid.*, VII, 247.

d'ébène où est représentée une Vierge tenant Jésus-Christ avec plusieurs autres ; un petit tableau, peint en huile, où est représentée une Madeleine ; un petit enfant tenant un perroquet, peint sur bois, pour mettre à la ruelle d'un lit ; trois petits tableaux d'albâtre blancs peints en fruits et en fleurs et en l'un une Notre-Dame » ; quelques livres, *l'Histoire des Indes orientales*, avec les figures, *le Coutumier de Bourgogne*, une autre *Histoire des Indes*, *les Commentaires de César*. Notons aussi, représenté par la demoiselle Gohory, femme de chambre de la baronne de Chantal, « un collier où il y a cinquantes perles rondes qui avait été donné par ladite défunte dame de Chantal à ladite demoiselle mineure, sa fille, plus un petit piestador contenant trente-sept pierres où sont enchâssés à chacune d'icelle un petit diamant taillé en facettes, fors celui du milieu qui est carré, qui lui a été donné par madame de la Houssaye, lors de son mariage, et quelques autres petites besognes, le tout servant journellement à ladite demoiselle mineure et par ce moyen n'ont été prisés et estimés lesdits collier et piestadors et autres menues besognes et laissés en la possession dudit sieur de Coulanges pour les délivrer à ladite demoiselle mineure toutes et quantes fois qu'elle en aura besoin. »

Quant aux papiers trouvés lors de l'inventaire, ils comprenaient, outre le contrat de mariage de monsieur et madame de Chantal, plusieurs comptes des revenus et dépenses de Montelon, Sauvigny et Bourbilly, ainsi que de nombreuses quittances des sommes payées par la défunte à l'acquit de la succession de son mari. On y trouve aussi, écrits de la main de la jeune veuve, deux petits carnets qui étaient comme un résumé de son existence pendant ses dernières années. L'un était intitulé : « État des dettes payées pour M. de Chantal », et l'autre : « État des frais de justice que j'ai déboursés pour ma fille. »

Les documents que nous venons d'utiliser nous ont fourni d'abondants renseignements sur les parents de la future marquise de Sévigné et sur la sollicitude dont elle fut entourée dès son berceau. S'ils ne nous ont jusqu'ici donné, comme il est d'ailleurs naturel, que peu de détails sur sa personne même, il semble du moins possible de dégager de cet exposé certaines conclusions sur le milieu et les conditions dans lesquelles se passèrent ses premières années. Un premier fait domine d'abord ces impressions : l'absence complète, dans cette première éducation, de toute influence des Rabutin. Opposés à un mariage qu'ils considéraient comme une mésalliance, ils avaient témoigné de leur mécontentement par une abstention significative. Plus tard, il est vrai, Léonor de Rabutin fut, à la mort du baron de Chantal, nommé subrogé-tuteur de la jeune mineure en remplacement du comte de Toulongeon, mais il ne joua, dans cette fonction, qu'un rôle très effacé, résidant d'ordinaire, comme l'énoncent les actes, en son château de Bussy en Bourgogne. Ce sont les Coulanges et les Frémyot qui présidèrent en fait à cette éducation des premières années. Dans cet hôtel de Coulanges, dominé par la figure de celui qui fut le véritable fondateur de la famille, dans cet entrepôt d'un fermier des gabelles qui n'a rien renié de ses origines, Marie de Rabutin reçut ces premières impressions dont on ne cesse de retrouver, plus tard, la trace dans ses lettres, comme dans sa conduite : le sens des réalités de la vie et de la puissance de l'argent, la bonté et l'accueil facile à tous. Plus lointaine et d'ordre surtout religieux, l'influence de la mère de Chantal ne fut pas moins agissante ; elle s'exerce par les exhortations qui pénètrent sa belle-fille et qui finissent par avoir leur action sur son fils lui-même, elle s'exerce par son frère l'archevêque de Bourges, elle s'exerce aussi par ces religieuses de la Visitation de la rue Saint-Antoine, si voisines de la place Royale,

et pour lesquelles la petite-fille de leur sainte fondatrice ne
cessa d'être, suivant leur propre expression, une « relique
vivante ». Frémyot et Coulanges, sans rien sacrifier aux pré-
jugés excessifs de la race, sont d'ailleurs d'accord pour tenir
largement compte des nécessités de leur condition. La richesse
du mobilier et des habits de ses parents attestent l'aisance opu-
lente dans laquelle l'enfant fut élevée. Sa santé, d'abord ché-
tive au point qu'à deux reprises la mère de Chantal et l'archevêque de Bourges semblent craindre pour ses jours, se
raffermit aussi dans cette maison de campagne de Sucy où
nous la retrouverons avec ses oncles dans les années qui suivent.

Orpheline à l'âge de sept ans, mademoiselle de Chantal était
déjà un personnage. Si de la succession de son père, Montelon ayant été aliéné, elle ne recueille que Sauvigny estimé
9 000 livres et Bourbilly affermé pour 1 800 livres par année,
elle tient de la succession de sa mère, restée intacte, une importante fortune que la mort de son grand-père et de sa grand'-
mère, quelques années plus tard, allait encore notablement
grossir. Elle était donc, suivant le mot de Bussy-Rabutin,
« un parti puissant pour le bien ». A quelles mains serait-elle
confiée désormais? On connaît la précocité, à cette époque,
de certains mariages (sa tante, Marie-Aimée de Rabutin avait
épousé, à l'âge de onze ans, le baron de Thorens) ; on sait aussi
tout le rôle que pouvaient jouer dans ces unions des influences
familiales habilement conduites. A côté des efforts désintéressés de la mère de Chantal, de l'archevêque de Bourges et
de M. de Coulanges pour procurer dans les conditions les plus
sûres l'éducation de l'enfant et la conservation de ses biens,
on ne sera donc pas étonné de rencontrer d'autres tentatives
pleines de convoitises pour s'assurer la possession de cette
jeune orpheline, qui était en même temps une riche héritière.

V

LA PETITE CANTALINE. — SON NOUVEAU TUTEUR.
ELLE ÉCHAPPE AU CLOÎTRE

Orpheline à l'âge de sept ans, mademoiselle de Chantal ne fut point laissée à l'abandon. Son grand-père du côté maternel, Philippe de Coulanges, et son oncle du côté paternel, Léonor de Rabutin, qui avaient été nommés tuteur et subrogé-tuteur à la mort de son père, conservèrent l'un et l'autre ces fonctions après la mort de sa mère et si, pendant longtemps encore, les Rabutin ne devaient intervenir à son sujet que pour des actes d'administration résultant du fonctionnement même de cette tutelle et sous l'empire de sentiments trop manifestement intéressés, elle continua de trouver dans l'hôtel de la Place Royale, auprès de Philippe de Coulanges, de sa femme Marie de Bèze et de toute leur famille, la même affection et les mêmes soins dévoués dont sa mère n'avait pas cessé d'entourer ses premières années. La mère de Chantal ne pouvait aussi que sentir croître son affection pour la jeune orpheline : le 11 février 1634, ayant appris la maladie de Marie de Bèze, elle écrivait à M. de Coulanges :

Mon Dieu, Monsieur mon très cher frère, que votre lettre m'a vivement touché le cœur, les larmes m'en sont venues aux yeux en voyant la grandeur de l'affliction où est ma pauvre très chère sœur et la vôtre, et en conséquence celle de toute votre bénite famille... Je la recommande à la douceur de notre bon Dieu et à notre très heureux père, car j'ai un grand désir que cette chère âme soit soulagée pour plusieurs raisons qui me touchent au cœur, parmi lesquelles celle de l'éducation de notre chère petite tient un bon rang... Vous me consolez bien des nouvelles que vous me dites de cette petite orpheline. Hé, qu'elle sera heureuse si Dieu vous conserve et ma pauvre très chère sœur pour lui continuer votre sage et pieuse conduite; c'est la vérité que j'aime cet enfant comme j'aimais son père et tout pour le ciel. Je me réjouis particulièrement de la grâce qu'elle recevra de communier à Pâques. J'en aurai bien mémoire et je prie Dieu qu'à cette première réception de notre doux Sauveur, il lui plaise de prendre une si entière possession de cette petite âme qu'à jamais elle soit toute sienne; que je vous suis obligée en cette petite créature, mon très cher frère. Notre Seigneur sera votre récompense[1]...

Marie de Bèze put, en effet, assister à la première communion de sa petite-fille, mais elle ne devait survivre que peu de temps à cet événement. On trouve, en effet, dans la copie qui nous a été conservée des extraits des anciens registres des décès de la paroisse de Saint-Paul, à la date du 13 mai 1634, la mention de sa mort et de son inhumation dans l'église de la Visitation de la rue Saint-Antoine[2].

Peu de temps après avoir reçu la nouvelle de ce décès, la mère de Chantal écrivait à M. de Coulanges :

L'une des chères consolations que je pourrais recevoir en ce monde serait de me voir réellement encore une fois avec vous, comme j'y suis souvent en esprit... Au moins, mon très cher frère,

1. *OEuvres de sainte Chantal*, VII, 315.
2. Bibl. nat. Manuscrits. Nouv. acq. fr. 3616, n° 2311.

prendrons-nous souvent le contentement de parler de vous avec notre très cher Monseigneur l'archevêque, de vos bontés, des effets de votre singulière amitié et de la tendresse d'amour que Dieu vous a donnée pour cette pauvre petite orpheline, de laquelle et de ses affaires vous avez un soin si paternel. Dieu, par sa douce bonté, en sera votre récompense, mon très cher frère, comme de tout mon cœur je l'en supplie et de donner toujours plus grande grâce à cette petite, afin que, croissant en âge, elle accroisse aussi le contentement que vous en recevrez par des plus solides actions et devoirs de son obéissance [1].

Des trois enfants de Philippe de Coulanges et de Marie de Bèze, dont nous avons déjà mentionné le mariage : Marie de Coulanges, mariée en 1623 au baron de Chantal; Philippe de Coulanges, marié en 1626 à Marie Le Fèvre d'Ormesson et Henriette de Coulanges mariée en 1631 à François Le Hardy, marquis de la Trousse, cette dernière seule paraît avoir quitté le domicile paternel aussitôt après son mariage; de même que le baron et la baronne de Chantal, Philippe de Coulanges continua, en effet, de résider avec son père dans l'hôtel de la Place Royale. A la mort de sa mère, Marie de Bèze, ce fut donc sa femme, Marie Le Fèvre d'Ormesson, qui se trouva en fait chargée de l'éducation de la jeune orpheline en même temps que de celle de ses propres enfants. C'est aussi dans cet hôtel de la Place Royale, semble-t-il, que restèrent réunis jusqu'à la mort de leur père les autres enfants survivants de Philippe de Coulanges et de Marie de Bèze, parmi lesquels notamment Christophe qui, bien qu'abbé de Livry depuis 1623, ne paraît avoir résidé dans cette abbaye que beaucoup plus tard : Antoine, sieur de Richefons; Louis, sieur de Chésières; Charles, sieur de Saint-Aubin [2].

1. *OEuvres de sainte Chantal*, VII, 368.
2. Philippe de Coulanges et Marie de Bèze avaient eu en outre plusieurs autres enfants, dont la plupart semblent être morts en bas âge et qui ne

Le 5 décembre 1636, Philippe de Coulanges mourait à son tour, et l'abbé Petit, chargé du service des convois à l'église Saint-Paul, écrivait dans son registre, à la date du 6 décembre : « Ce même samedy 6, fête de Saint-Nicolas, convoi général de monsieur de Coulanges, jadis partisan, dont sont venus tous ses biens, le corps porté à Sainte-Marie avec sa femme et sa fille [1] ».

Ce qu'avaient été les qualités du défunt et sa tendresse pour la jeune orpheline, comme les conséquences que sa mort pouvait avoir pour la destinée de celle-ci, se trouvent exprimés avec une singulière émotion dans la lettre que Mgr André Frémyot, ancien archevêque de Bourges, écrivait à la mère de Chantal quelques jours plus tard, le 13 décembre 1636 :

Ma très chère et très uniquement aimée sœur. Oh! que ce monde est rempli de misères et calamités... Depuis six mois, Dieu m'a visité en mes biens et a voulu que la guerre m'en a ravi la juste moitié. Je l'ai souffert par sa bonté et n'en ai senti aucun trouble en mon esprit. Ensuite, il m'envoie une affliction plus vive et plus pressante, puisqu'il lui a plu d'appeler à lui M. de Coulanges, homme d'incomparable vertu et qui me tenait lieu plus que d'un propre

paraissent avoir laissé aucune trace dans l'histoire de madame de Sévigné. Si l'on réunit, en effet, les divers documents qui nous ont été conservés à ce sujet, on ne compte pas moins de treize enfants nés de ce mariage de 1595 à 1622 : Philippe, né en 1595; Marie, baptisée le 13 août 1603; Henriette, baptisée le 7 avril 1606; Christophe, baptisé le 25 juin 1607; Michel, baptisé le 15 février 1609; Madeleine, baptisée le 24 mars 1610; Élisabeth, baptisée le 1 mai 1611; Antoine, baptisé le 11 août 1612; Louis, baptisé le 15 janvier 1614; Charles, baptisé le 23 mars 1616; Françoise, baptisée le 10 mars 1617; Alexandre, baptisé le 1er octobre 1618; Angélique, baptisée le 8 juillet 1622 (Bibl. nat. Manuscrits. Nouv. acq. fr. 3616, art. *Coulanges*; Jal. *Dictionnaire critique d'histoire et de géographie*, art. *Coulanges*; Guilhermy. *Inscriptions de la France du Ve au XVIIIe siècle* (I, pages 746-761).

1. Bibl. nat. Manuscrits. Nouv. acq. fr. 3616, art. *Coulanges*.

frère... La perte de mes biens n'avait pas émoussé ma constance, mais cet accident m'afflige au mourir... Votre petite-fille fait une perte inestimable, car ce pauvre défunt l'aimait d'un amour vraiment paternel et il la gouvernait si doucement qu'il en faisait tout ce qu'il voulait. Toute cette famille se trouvera bien désolée et, je le crains, ensuite en division, car il y a quatre ou cinq grands jeunes hommes qui trouveront bien des déchets en la dépense qu'ils faisaient. Il nous faudra procéder à une nouvelle élection de tuteur pour la petite mignonne et j'appréhende qu'il y ait quelque conteste entre ses parents paternels et maternels pour qui en aura le gouvernement; de la personne ci-après, mandez-moi votre sentiment et de quel côté va votre inclination, car si vous vouliez que nous la missions entre les mains de ma nièce de Toulongeon ou de quelque autre sienne parente du côté paternel, en ce cas, je pencherai dans votre inclination. Mais, sans cela, je la trouve si bien nourrie et si parfaitement bien gouvernée sous le contrôle de madame de Montaleau que cela me ferait arrêter à la lui laisser. Pensez-y. ma très chère sœur, et m'y faites réponse à votre commodité [1].

C'est le 8 janvier 1637 que se réunit à Paris le conseil de famille qui devait être appelé à statuer sur la nomination d'un nouveau tuteur pour Marie de Rabutin. Si la législation actuelle a conservé dans ses traits essentiels les dispositions de l'ancien droit concernant la protection des intérêts du mineur et notamment l'organisation et le fonctionnement du conseil de famille ainsi que la nomination et les pouvoirs du tuteur et du subrogé-tuteur, elle en diffère toutefois sur plusieurs points importants. Alors qu'en effet, sauf le cas de frères ou sœurs, le nombre des membres du conseil de famille est aujourd'hui limité à six, dont trois pour la ligne paternelle et trois pour la ligne maternelle, aucune limitation n'était imposée sous l'ancien régime au nombre des mem-

1. *Les deux filles de sainte Chantal*, par madame la comtesse de Menthon. p. 127.

bres. Quant à la présidence de ce conseil aujourd'hui dévolue au juge de paix, elle appartenait, à Paris en particulier, au lieutenant civil du Châtelet de Paris dont les fonctions correspondaient assez exactement par ailleurs à celles d'un président de Tribunal de première instance ou, à son défaut, à un conseiller au Châtelet. Les pouvoirs du conseil de famille étaient aussi plus réduits. Alors qu'aujourd'hui, en effet, certaines de ses décisions, et des plus importantes, sont exécutoires par elles-mêmes, sans avoir besoin d'être homologuées par l'autorité judiciaire, les décisions du conseil de famille, dénommées avis de parents, n'avaient d'autre valeur que celle d'un simple avis qui devait être sanctionné par l'autorité judiciaire auprès de laquelle le magistrat qui avait présidé cette réunion remplissait les fonctions de rapporteur. Enfin, les pouvoirs du tuteur étaient beaucoup moins étendus qu'aujourd'hui et celui-ci, pour toutes les questions un peu importantes, devait en référer au conseil de famille. Ainsi donc, limitation des pouvoirs du tuteur placé sous la surveillance incessante du conseil de famille, limitation des pouvoirs du conseil de famille lui-même, intervention rapide et souveraine d'une autorité judiciaire placée en dehors et au-dessus des passions et des intérêts particuliers : c'étaient là autant de garanties destinées à assurer une protection efficace des droits et des intérêts du mineur. Les procès-verbaux qui nous ont été conservés des délibérations du conseil de famille de Marie de Rabutin en 1637 et de plusieurs autres qui suivirent jusqu'en 1642, vont nous montrer la mise en pratique de ces diverses dispositions [1].

---

1. Ces pièces ont été publiées par M. Guillaume Depping sous le titre : *Quelques pièces concernant madame de Sévigné et les Coulanges* (Séances

De toutes ces réunions aucune ne pouvait être plus importante que celle qui se tint le 8 janvier 1637 sous la présidence de M. de Cordes, conseiller au Châtelet, et l'on ne doit
pas s'étonner si, en outre de parents plus rapprochés et que
nous avons déjà trouvés mêlés à l'histoire de mademoiselle
de Chantal, nous en rencontrons dans cette occasion beaucoup d'autres plus éloignés. Le procès-verbal de cette délibération mentionne, en effet, comme représentants du côté
paternel : Léonor de Rabutin, comte de Bussy, lieutenant
général pour le roi en Nivernais, père de Bussy-Rabutin;
Mgr André Frémyot, ancien archevêque de Bourges; Hubert
de Gryvot, seigneur de Pesselière, cousin; Edme de Bruillart,
seigneur et baron de Coursan, cousin; Louis de Gouffier,
comte de Caravas, cousin à cause de sa femme; messire
Ph. Fradet des Granges, aussi cousin à cause de sa femme;
Jacques de Rabutin, sieur d'Aylies et François Léonard de
Dion, comte de Montpéroux, cousins; Marc de Neuchèze,
grand-oncle; — et, du côté maternel, Philippe et Christophe de Coulanges, oncles; François Le Hardy, marquis
de la Trousse, époux de Henriette de Coulanges; François
Petit, sieur de Lévillier; — François Aguesseau, maître en
la Chambre des comptes; Toussaint de Coulanges, receveur général et payeur des rentes de l'Hôtel de Ville de
Paris.

La plupart des membres de ce conseil de famille se présentèrent en personne; quelques-uns seulement se firent représenter par des mandataires, tel fut le cas notamment de
Mgr Frémyot et de Marc de Neuchèze représentés par
Mᵉ Mathias Perseval, procureur au Châtelet de Paris et de

et travaux de l'Académie des Sciences morales et politiques, 1882, 2ᵉ semestre, pages 533-560).

Léonor de Rabutin représenté par Mᵉ Couvé, également procureur au Châtelet. Si, malgré l'importance que présentait
pour lui cette réunion, Léonor de Rabutin ne put y assister
en personne, son fils Bussy-Rabutin nous en a donné la
raison dans ses Mémoires, expliquant qu'à peine rentré à
Paris, son père dut se rendre en Nivernais pour s'opposer
aux projets du duc d'Orléans dont on redoutait l'accord
avec le comte de Soissons. Et s'il fallait en croire Bussy-
Rabutin, c'est lui-même qui aurait reçu de son père pouvoir
de le représenter à ce conseil de famille : « Parce que, dans
ce temps-là, les parents de mademoiselle de Chantal, Marie
de Rabutin, depuis marquise de Sévigné, se devaient assem-
bler pour lui élire un tuteur, à cause que Coulanges, son
aïeul maternel, venait de mourir, mon père me laissa à Paris
avec sa procuration, pour assister à cette élection [1] ».

Or, il suffit de se reporter au texte même du procès-verbal
de cette délibération pour constater qu'il est en contradiction
formelle avec cette affirmation de Bussy-Rabutin et que, si
Léonor de Rabutin ne put assister en personne à cette délibération, c'est, non pas son fils, mais Mᵉ Couvé, procureur
au Châtelet de Paris, qu'il choisit comme mandataire.
Et si, comme il semble d'ailleurs assez probable, Bussy-
Rabutin, alors âgé de dix-huit ans, était présent à Paris en ce
moment, rien n'autorise à penser qu'il ait joué un rôle quelconque, officiel tout au moins, dans ce conseil de famille. A
son défaut, du reste, le mandataire de Léonor de Rabutin
formula les prétentions de celui-ci avec la rigueur la plus
absolue.

Mᵉ Couvé, audit nom, commença, en effet, par exposer
« qu'il serait à désirer que Mgr l'archevêque de Bourges, grand-

---

1. *Mémoires de Roger de Rabutin, comte de Bussy,* édit. Lalanne, I, 15.

oncle de ladite mineure, voulut prendre la peine d'accepter la charge de tuteur, mais, à cause de son grand âge, sur la crainte qu'il fît quelque difficulté de l'accepter, déclare qu'il ne trouve personne plus capable d'accepter ladite charge de tuteur que M. l'évêque de Chalon, cousin germain paternel d'icelle mineure duquel elle est héritière et peut espérer de grands biens ». M⁰ Couvé déclarait, par contre, s'opposer de la manière la plus absolue à ce que Philippe de Coulanges, oncle de Marie de Rabutin, fût nommé tuteur, en donnant comme raison que, comme héritier de son père, tuteur précédent, il avait à rendre compte de la gestion de celui-ci. En ce qui concernait l'éducation de la jeune orpheline et le soin de sa personne, il déclarait qu'il estimait qu'elle ne pouvait « être baillée à personne plus capable pour la gouverner qu'entre les mains de madame de Toulongeon, sa tante... » Et comme, d'autre part, il ne faisait aucune mention des fonctions de subrogé-tuteur alors exercées par Léonor de Rabutin et que celui-ci entendait par suite conserver, il en résultait que les propositions de celui-ci, si elles avaient été adoptées, auraient enlevé à la famille de Coulanges toute ingérence dans l'administration de la personne et des biens de la jeune orpheline. La plupart des autres membres du conseil de famille du côté paternel ne montrèrent pas, il est vrai, une intransigeance aussi absolue puisqu'ils proposèrent de donner à Philippe de Coulanges les fonctions de subrogé-tuteur, mais il n'en reste pas moins qu'eux aussi se montrèrent d'accord pour confier les fonctions essentielles de cette tutelle à des parents de la même ligne et de la ligne paternelle, les fonctions de tuteur à l'évêque de Chalon ou à Léonor de Rabutin et la garde de la personne de la jeune mineure à madame de Toulongeon.

Par contre, les représentants du côté maternel, ne faisant

aucune mention des fonctions de subrogé-tuteur qu'ils entendaient laisser à Léonor de Rabutin, furent d'avis, sur la proposition de l'abbé de Coulanges, de confier les fonctions de tuteur à Philippe de Coulanges, maître des comptes, et la garde de la mineure à sa femme, Marie Le Fèvre d'Ormesson. Tel fut aussi l'avis de Mgr Frémyot et de Marc de Neuchèze. Quant à Philippe de Coulanges, ne pouvant voter pour lui-même, il avait proposé comme tuteur l'abbé de Coulanges, son frère.

M. Denis de Cordes, conseiller au Châtelet, qui présidait cette délibération, en formula la conclusion en ces termes : « Sur quoi, vu la contrariété d'avis, nous avons ordonné qu'il en sera fait par nous rapport au conseil ». Et le 28 janvier suivant, une commission du Châtelet, composée du même magistrat et de quatre autres conseillers, prononçait cette décision : « Il sera dit par délibération du conseil que ledit messire Philippe de Coulanges demeurera tuteur et que la dame sa femme aura l'éducation de ladite demoiselle Marie de Rabutin, mineure ».

Comme Mgr Frémyot l'avait prédit dans sa lettre à sa sœur, on avait pu voir dans ce conseil de famille éclater au grand jour les divisions au sujet du sort de la jeune orpheline. Il ne serait pas toutefois exact de dire que dans ce conflit on assista à une opposition absolue et unanime entre les représentants des lignes maternelle et paternelle. Deux de ces derniers, en effet, et non des moindres, l'archevêque de Bourges et Marc de Neuchèze se joignirent aux représentants de la ligne maternelle pour demander que les fonctions de tuteur fussent confiées à Philippe de Coulanges et l'éducation de la jeune orpheline à sa femme. Or, l'avis de l'archevêque de Bourges devait avoir d'autant plus de poids qu'en outre de l'importance de son personnage, il avait été

lui-même proposé comme tuteur par les parents du côté
paternel. Mais, comme nous venons de le voir, à la veille
même de la réunion, ce prélat, tout en témoignant de son
désir de laisser la petite mignonne aux soins de la famille
de Coulanges, n'avait pas exprimé d'opinion formelle et
s'était borné à demander sur ce point l'avis de sa sœur; si la
réponse de celle-ci ne nous a pas été conservée, on peut
donc affirmer que la mère de Chantal s'était rendue aux
raisons si plausibles invoquées par son frère et c'est là un
fait d'autant plus remarquable que, pour cela, elle avait dû
triompher de ses anciennes préférences et résister aux instances de sa propre fille, madame de Toulongeon.

Ce qu'on ne saurait trop redire, en effet, c'est qu'il ne
s'agissait pas seulement ici de l'administration des biens de
Marie de Rabutin, mais aussi et surtout de savoir à qui
seraient confiées sa personne et son éducation. Et si Léonor
de Rabutin et madame de Toulongeon paraissent avoir été
d'accord sur le désir d'enlever aux Coulanges la possession
d'une aussi riche héritière, il est permis de se demander
jusqu'où devait aller leur entente et si, dans le cas où une
première satisfaction leur eût été donnée à cette occasion,
un conflit des plus violents ne les aurait pas ensuite divisés.
Bussy-Rabutin, en effet, nous a exposé en termes quelque
peu cyniques le but que poursuivait son père lorsqu'il cherchait avec tant d'acharnement à arracher Marie de Rabutin
à l'influence de ses parents maternels : « Son bien, qui accom-
modait fort le mien, parce que c'était un parti de ma maison,
obligea mon père à souhaiter que je l'épousasse [1] ». Mais il
semble bien que, pour madame de Toulongeon, le calcul ait
été tout autre. Si elle demandait avec tant d'insistance que

---

1. *Histoire amoureuse des Gaules* dans *Mémoires de Roger de Rabutin,
comte de Bussy*, édit. Lalanne, II, p. 428.

sa nièce lui fût remise, ce n'était pas, comme on pourrait naturellement le supposer, pour l'élever avec ses propres enfants au château d'Alonne, en Bourgogne, ce qui déjà eût été pour Marie de Rabutin une destinée peu enviable, mais pour en faire une religieuse de la Visitation, dont la fortune serait ensuite revenue pour la plus grosse part à ses propres enfants. Une lettre que la mère de Chantal adressait à la mère Favre, le 31 mars 1637, pour lui annoncer les décisions prises au sujet de la jeune orpheline, ne peut laisser aucun doute sur ce point : « Ma pauvre fille de Toulongeon a été puissamment mortifiée de n'avoir su avoir la garde de sa nièce de Chantal par arrêt. Elle demeure où elle était; je n'en suis pas marrie, bien qu'en ce monastère, elle eût été fort bien [1] ». Et madame la comtesse de Menthon, en citant cette lettre, est obligée de conclure : « C'était donc pour placer sa nièce au monastère d'Annecy... que madame de Toulongeon souhaitait avec une si grande passion d'être chargée de Marie de Chantal [2] ».

Et le danger aurait pu être d'autant plus grand pour celle-ci qu'il semble bien que pendant un certain temps la mère de Chantal avait elle-même envisagé avec faveur une pareille hypothèse. Dans une relation en majeure partie inédite conservée aux archives du premier monastère de la Visitation d'Annecy et consacrée à retracer divers traits édifiants de la mère de Chantal, une de ses compagnes de ce monastère, après avoir rappelé l'émotion que la sainte fondatrice de la Visitation avait éprouvée quand elle avait appris la mort de sa belle-fille, la baronne de Chantal, ajoute, en parlant de mademoiselle Chantal :

1. *OEuvres de sainte Chantal*, VII, 608.
2. *Les deux filles de sainte Chantal*, par madame la comtesse de Menthon, p. 430.

Elle avait aussi de la compassion de sa petite-fille, la voyant orpheline en l'âge de dix ou onze ans de père et de mère, et, quoique cette petite demoiselle demeurât fort riche et que ce fût un fort bon parti, sa charité disait qu'elle souhaitait qu'elle fût religieuse et qu'elle priait Dieu pour cela et ne perdait pas espérance que cela fût. Elle dit fort gracieusement de madame de Toulongeon, sa fille, qu'elle offrait tous les jours à Dieu sa fille et la petite de Chantal. Pour Gabrielle, je n'ose pas demander qu'elle soit religieuse parce qu'elle est à sa mère et qu'elle ne le voudrait pas. Pour la petite de Chantal qui n'a point de mère, je l'offre de bon cœur à Dieu pour cela et je suis consolée de le faire, me semblant que je lui fais un prou joli présent[1].

La nature et la grâce ont réuni en sainte Chantal un tel ensemble de qualités et de vertus et à un degré si éminent que l'on est d'autant plus à l'aise pour la juger. Or, ce n'est, croyons-nous, faire aucun outrage à sa mémoire que de dire qu'elle n'a jamais eu en partage le don de prophétie. On sait qu'il lui arriva un jour de prédire que Bussy-Rabutin serait le saint de la famille. Il ne semble pas qu'elle fût beaucoup mieux inspirée quand elle songea à faire de Marie de Rabutin une religieuse. Mais ce qu'il faut dire aussi, c'est qu'indépendamment des sentiments élevés qui l'ont toujours guidée, elle ne mit jamais d'obstination aveugle à persévérer dans des projets dont la réalité lui démontrait les inconvénients. Il n'est pas douteux que, soit par les relations de son frère ou de ses divers autres correspondants de Paris, elle fut promptement éclairée sur les véritables dispositions de Marie de Rabutin et que, si celle-ci témoignait déjà des plus aimables qualités, elle n'avait dans son âme rien de monastique. La relation que nous venons de citer n'a donné aucune date à ces confidences de la mère de Chantal

1. *OEuvres de sainte Chantal*, **VIII**, 420, note 1.

sur ses intentions de faire de sa petite-fille une religieuse,
mais le fait même que dans cette relation on les a placées
aussitôt après le récit des impressions causées à la mère de
Chantal par la mort de sa belle-fille, semble bien indiquer que
ces diverses réflexions ont dû être exprimées vers la même
date. Or, trois ans plus tard, lors du conseil de famille du
8 janvier 1637, au moment où une occasion s'offrait de réaliser
sans retard ce projet, au moment où il était proposé par
sa propre fille, elle s'y opposait elle-même par l'intermédiaire de son frère. Il n'en est pas moins vrai que dans
ce conseil de famille où aucune femme ne fut présente
ni représentée, ce furent les influences de deux femmes
qui pesèrent du plus grand poids sur les avis exprimés.
Et ce n'est pas un spectacle banal que celui de sainte
Chantal arrachant à la rapacité de sa fille le bonheur de sa
petite-fille.

La future marquise de Sévigné apprit-elle plus tard le
danger que sa destinée avait un jour couru du fait de l'avidité de sa tante? On ne saurait, dans tous les cas, lui en
vouloir des jugements parfois sévères qu'elle a portés
sur elle, soit lorsqu'elle écrira à madame de Grignan le
11 juillet 1672 : « Je vais par la Bourgogne; je ne m'arrê-
terai pas à Dijon ; je ne pourrai pas refuser quelques jours
en passant à quelque vieille tante que je n'aime guère[1] »; soit
encore quand elle écrira, le 13 octobre 1677, à Bussy-
Rabutin : « Il n'est rien tel que d'être riche; un gueux en
serait mort. Je crois que ma tante de Toulongeon aimerait
mieux mourir que de vivre à ce prix-là. La plaisante chose
que l'avarice », sur quoi Bussy renchérissait encore quelques jours plus tard, quand il répondait à sa cousine : « Il

____

1. *Lettres de madame de Sévigné*, III, 146.

est vrai que madame de Toulongeon est incompréhensible
par son avidité pour le bien [1] ».

Sans doute, tous ces mobiles cachés n'apparurent pas aux
conseillers du Châtelet qui, le 28 janvier 1637, statuèrent
souverainement sur le différend qui leur était soumis, lorsqu'ils confièrent à Philippe de Coulanges la tutelle de la
jeune orpheline et son éducation à sa femme, Marie Le Fèvre
d'Ormesson. Mais ce qu'ils purent du moins voir très clairement, c'est que les prétentions des parents de la ligne
paternelle ne pouvaient supporter l'examen, c'est que le
grand âge de l'archevêque de Bourges, les occupations de
l'évêque de Chalon et de Léonor de Rabutin ne pouvaient
leur permettre d'accepter les fonctions de tuteur; ce qu'ils
comprirent aussi non moins clairement, étant donné le bon
renom dont jouissait à Paris la famille des Coulanges, c'est
que, depuis plusieurs années déjà, suivant la propre expression
de Mgr André Frémyot, la jeune orpheline avait été si bien
nourrie et si admirablement bien gouvernée au sein de cette
famille qu'on n'aurait pu la remettre en de meilleures
mains. Mais, parmi ces magistrats, il en est un qui mérite
une mention toute spéciale. Comme nous venons de le
voir, c'est Denis de Cordes, conseiller au Châtelet de Paris,
qui, le 8 janvier 1637, avait présidé la réunion du conseil
de famille. Et c'est aussi lui qui, en présence de la diver-
gence des avis exprimés, avait, par son ordonnance, statué
qu'il en ferait rapport au tribunal. On ne saurait douter
que son rapport ait conclu à la solution qui fut adoptée et,
comme il est naturel, son avis sur ce point dut avoir un
poids tout particulier. Or, M. de Cordes n'était pas un
magistrat sans mérite. Quelques années plus tard, le

---

1. *Lettres de madame de Sévigné*, V, 357 et 369.

9 novembre 1642, Henri Arnauld, le futur évêque d'Angers, écrivait, en effet, à madame Barillon, femme du président Jean-Jacques Barillon, alors exilé à Amboise : « Le pauvre monsieur de Cordes, conseiller du Châtelet, est mort; c'est une très grande perte pour le public; le cher ami sait ce qu'il valait[1] ». Dans cette décision du mois de janvier 1637, qui eut une importance décisive pour la destinée de la future marquise de Sévigné, il n'est pas inutile d'associer aux noms de la mère de Chantal et de l'archevêque de Bourges celui d'un magistrat éclairé et d'un homme de bien.

Nous ne croyons pas utile d'insister longuement ici sur diverses erreurs qui ont été répétées comme à l'envi par de nombreux historiens de madame de Sévigné à l'occasion de cette tutelle et notamment sur celle qui, depuis Walckenaer, a consisté à représenter Christophe de Coulanges, abbé de Livry, le « bien bon », comme ayant été investi par le conseil de famille des fonctions de tuteur. Ce qu'il convient de dire d'ailleurs, c'est que l'erreur, dans l'espèce, est moins grave qu'on pourrait le croire. Sans doute, on doit renoncer à la légende de madame de Sévigné passant la plus grande partie de son enfance et de sa jeunesse à l'abbaye de Livry, non seulement parce que la décision du Châtelet du 28 janvier 1637 porte expressément que la jeune mineure devait rester confiée aux soins de sa tante, Marie Le Fèvre d'Ormesson, mais parce que l'abbé de Coulanges lui-même ne paraît avoir résidé que plus tard à Livry: sans doute aussi, les fonctions de tuteur de Marie de Rabutin ne lui furent jamais confiées par le conseil de famille, mais on a la preuve que, plus d'une fois, il les exerça en fait, soit en ce qui concerne les biens, soit en ce qui concerne la personne même de sa nièce,

1. Bibl. nat. Manuscrits. Fonds fr. 3778, fol. 95.

Si rien ne permet, en effet, de supposer que le nouveau tuteur n'ait pas montré le même dévouement que son père pour les intérêts de sa pupille au point même que, s'il faut en croire Bussy-Rabutin, ces dispositions auraient plus tard fait place à un sentiment de nature plus tendre, il n'en est pas moins vrai que les devoirs de sa charge de maître des comptes, le fait qu'il devait s'occuper en outre des intérêts de plusieurs de ses frères, le fait que, à la suite de la révolte des Va-nu-pieds en 1640, il eût à remplir en Normandie pendant de longs mois les fonctions de trésorier de France, expliquent comment, plus d'une fois, il put être amené à laisser le soin des affaires de mademoiselle de Chantal entre les mains expertes de l'abbé de Livry dont il appréciait déjà lui-même les qualités d'administrateur, puisque au conseil de famille du 8 janvier 1637 il avait demandé que les fonctions de tuteur lui fussent confiées. Et le fait se produisit d'autant plus naturellement que, comme nous l'avons dit, les pouvoirs du tuteur étaient plus limités et qu'il devait, pour toutes les questions un peu importantes, provoquer l'intervention du conseil de famille. Ces interventions de l'abbé de Coulanges se produisirent notamment et tout d'abord à l'occasion des nouveaux conseils de famille qui durent être réunis pour statuer sur diverses questions relatives à la jeune mineure.

Dès le 20 mars 1637, un nouveau conseil de famille fut, en effet, réuni à la requête de Philippe de Coulanges, sous la présidence de maître Louis Damours, conseiller au Châtelet, conseil auquel furent présents, en outre de l'abbé de Coulanges, Jacques de Neuchèze, évêque de Chalon, Marc de Neuchèze, François Petit, sieur de Lévillier, François Aguesseau, maître des comptes, et Philippe Aguesseau. receveur général des deniers de France. La principale question soumise au conseil était ainsi exposée dans la requête de Philippe de Coulanges :

« Si mademoiselle de Gohory continuera d'être entretenue près ladite demoiselle de Chantal, quels appointements lui seront donnés par chacun an, quelle pension il plaît à messieurs ses parents résoudre pour la nourriture tant de ladite demoiselle de Chantal et de la demoiselle de Gohory et quel entretenement pour les habits, linge et autres choses nécessaires à ladite demoiselle de Chantal ». Sur la proposition de l'évêque de Chalon, il fut décidé, à l'unanimité, que mademoiselle de Gohory serait conservée au service de mademoiselle de Chantal, aux appointements de deux cents livres par an, et qu'il serait baillé par chacun an la somme de huit cents livres pour la nourriture et le train de ladite mineure et douze cents livres « pour son entretenement et paiement des maîtres qui l'instruisent ».

Le même jour, 20 mars 1637, un autre conseil de famille, composé exclusivement des membres de la famille de Coulanges, fut réuni à la requête de l'abbé de Coulanges, dans le but de donner son avis sur la vente de divers biens sis à Sucy-en-Brie et provenant de la succession de son père. Comme nous l'avons déjà vu, en effet, Philippe de Coulanges, grand-père de Marie de Rabutin, avait, dès les premières années du XVIIe siècle, acheté diverses terres à Sucy-en-Brie, il y avait fait ensuite construire une maison confortable, en avait provoqué l'érection en fief sous le nom de fief de Montaleau et, au mois de janvier 1634, avait fait don du tout à son fils aîné, Philippe de Coulanges, maître des comptes. Mais, postérieurement, le 23 mai 1636, et quelques mois seulement avant sa mort, dans le but d'agrandir et d'embellir encore ce domaine, il avait acquis de Charles Payot, ancien trésorier général de France, le fief de la Tour sis audit Sucy et dans le voisinage immédiat du fief de Montaleau. Comme ce nouveau fief n'avait été acquis que pour l'embellissement

du fief de Montaleau déjà possédé par son frère Philippe de
Coulanges, l'abbé de Coulanges proposait d'en faire la vente
à celui-ci. Tel fut aussi l'avis du conseil de famille qui con-
sentit à cette vente pour le prix de vingt-deux mille livres.
Nous aurons d'ailleurs l'occasion de faire de nouveau mention
de Sucy pour y parler des séjours que mademoiselle de
Chantal y fit chaque année jusqu'à son mariage.

L'année suivante, le 7 janvier 1638, un nouveau conseil
de famille de Marie de Rabutin fut convoqué à la requête de
Philippe de Coulanges pour statuer sur la vente des meubles
du château de Bourbilly, conseil composé cette fois de
Mgr André Frémyot, de Jacques de Neuchèze, évêque de
Chalon, de l'abbé de Coulanges, d'Antoine de Coulanges,
sieur de Richefons, lieutenant au régiment des gardes, son
frère, de Toussaint de Coulanges, de François Petit et de
Philippe Aguesseau.

Le tuteur représenta au conseil que « tous les meubles qui
étaient au château de Bourbilly ont été laissés audit lieu sans
avoir été vendus après la prisée d'iceux... mais, d'autant que
ledit château est situé au pays de Bourgogne qui est un continuel passage de gens de guerre, ledit sieur tuteur aurait
fait appeler lesdits sieurs parents par-devant nous pour
donner leur avis sur la vente desdits meubles, attendu le
dépérissement d'iceux et le risque de les conserver à cause du
passage des gens de guerre ».

Cette fois encore, ce fut l'abbé de Coulanges qui prit la
parole le premier pour déclarer « que pour le bien et utilité
de ladite mineure, à cause du dépérissement desdits meubles
et passage desdits gens de guerre... il est d'avis que vente
en soit faite le plus promptement que faire se pourra »,
avis qui fut partagé par tous les autres membres du conseil
de famille.

Une autre conclusion doit être tirée de cette délibération relative au château de Bourbilly, c'est que, contrairement à la légende trop souvent répétée, Marie de Rabutin, à aucun moment de son enfance ou de sa jeunesse, n'a résidé à Bourbilly.

Mais ce n'est pas seulement lorsqu'il s'agissait des intérêts matériels de la jeune orpheline que l'abbé de Coulanges se faisait un devoir d'intervenir; il semble aussi qu'il l'ait fait plus d'une fois et de très bonne heure pour son éducation. Nous en trouvons une preuve dans une lettre de la mère de Chantal. Si celle-ci, en effet, avait pleinement acquiescé à la proposition de son frère de laisser la jeune mineure aux mains de la famille de Coulanges, elle n'avait pas cessé pour cela de s'y intéresser. Or, le 20 avril 1637, elle écrivait à la mère Luillier, supérieure du monastère de la rue Saint-Antoine :

Il faut dire ceci au cœur de mon unique fille : l'on m'écrit qu'on laisse toute liberté à la petite de Chantal de faire ce qu'elle veut et qu'en rien on ne la veut fâcher; cela lui serait à grand préjudice et bien éloigné de ce que j'espère de son éducation au lieu où elle est. Or, ce n'est point ma fille (de Toulongeon) qui me le dit, bien qu'elle soit touchée jusqu'au fond de l'âme de ne l'avoir pas, et certes, la seule considération de sa fille et la créance que l'on continuerait d'élever cette petite dans l'innocence et la souplesse me la fait désirer là. Découvrez, je vous prie, dextrement, la vérité de cet avis et m'en dites à cœur ouvert votre pensée. Je ne leur peux écrire à ces Messieurs pour le coup, mais obligez-moi de les faire saluer de ma part, surtout le petit abbé et la petite à qui je vous prie de faire remettre cette lettre, afin qu'elle la porte à notre bonne madame de Nemours qui m'a écrit avec grande bonté, mais cela s'entend, si cette dame est en état d'être vue, car, à ce défaut, vous l'enverrez, s'il vous plaît, à M. Deshayes qui en fera ce qu'il voudra[1].

1. *OEuvres de sainte Chantal.* VII, 620.

La réponse de la mère Luillier à la mère de Chantal ne nous a pas été conservée. Dans tous les cas, il y a lieu de croire que, soit par la mère Luillier, soit par le petit abbé, la mère de Chantal fut pleinement rassurée sur la liberté laissée à sa petite-fille, car elle écrivait à son frère, Mgr André Frémyot, le 27 février 1638 :

Nos chères sœurs du faubourg m'écrivent que vous leur faites l'honneur de ne les point oublier, les visitant souvent, dont elles reçoivent toute consolation. Je bénis Dieu du contentement que vous avez reçu de la petite Cantaline; il est fort certain qu'elle ne pouvait pas être mieux élevée qu'elle l'est, grâce à Dieu[1].

Nous ne savons au juste quels apaisements Mgr André Frémyot et le petit abbé purent donner à la mère de Chantal pour la rassurer pleinement sur le sort de la petite Cantaline, mais il est à supposer qu'ils consistèrent moins à restreindre la liberté laissée à la jeune orpheline qu'à montrer comment les heureuses dispositions de sa nature pouvaient sans danger se concilier avec une pareille liberté. Si madame de Sévigné a conservé un souvenir si attendri de son enfance et de sa jeunesse et l'a exprimé plus tard en des termes si pénétrants, c'est qu'elles ne furent marquées d'aucune contrainte. Et la suite de son histoire est là pour montrer que jamais meilleure méthode ne produisit de meilleurs résultats.

1. *OEuvres de sainte Chantal*, VIII, 25.

MADEMOISELLE DE CHANTAL ET LES COULANGES

La mort de son grand-père eut d'abord pour résultat d'amener un changement important dans l'existence de mademoiselle de Chantal. Dès le 21 octobre 1637, en effet, les enfants de Philippe de Coulanges vendaient à Honoré Barentin, pour une rente de 5 833 livres, l'hôtel de la Place Royale, dans lequel Marie de Rabutin avait vu le jour et jusque-là passé son enfance[1]. De là, elle alla habiter pendant deux ans avec son oncle et nouveau tuteur rue Barbette et ensuite rue des Francs-Bourgeois. Nous avons déjà vu, par le témoignage de Mgr André Frémyot, comment, dès le lendemain de la mort de sa grand'mère, Marie de Bèze, sa tante Marie Le Fèvre d'Ormesson, femme de Philippe de Coulanges, avait pris un soin tout maternel de la jeune orpheline. Comment pourrait-on admettre qu'elle ait pu se relâcher dans son attachement pour Marie de Rabutin après que le conseil de famille lui en eût confié expressément la charge? Et comment pourrait-on admettre davantage que M. de Cou-

1. Mallevoue, *La Maison natale de madame de Sévigné*, Paris, 1882.

langes ait pu montrer pour sa pupille moins de tendresse que sa femme, lui que Bussy-Rabutin ne craignait pas plus tard de ranger parmi ses concurrents dans les bonnes grâces de sa cousine, devenue marquise de Sévigné, quand il écrivait à celle-ci à l'occasion de la mort de Marie Le Fèvre d'Ormesson :

J'oubliais de vous dire que j'écris à M. de Coulanges sur la mort de madame sa femme... ; ce qui redouble le déplaisir que j'ai de la perte qu'il a faite, c'est que j'appréhende qu'il aille devenir mon quatrième rival, car il y avait assez de disposition du vivant de sa femme, mais sa considération le retenait toujours [1].

Pour cette tâche de dévouement et de tendresse. Philippe de Coulanges et sa femme trouvèrent d'ailleurs un auxiliaire précieux. Si, à la mort de la baronne de Chantal, le personnel de sa maison avait été licencié [2], une exception toutefois avait été faite pour sa femme de chambre, Anne Gohory, qui était restée attachée au service de la jeune orpheline et qui s'y trouvait encore le 20 mars 1637. lorsque le conseil de famille fut appelé à se prononcer sur son cas et décida, comme nous l'avons vu, qu'elle conserverait ses fonctions aux gages de deux cents livres par an; or. non seulement, Anne Gohory resta auprès de mademoiselle de Chantal

---

1. Bussy-Rabutin à madame de Sévigné, 17 août 1654 (*Lettres de madame de Sévigné*. I, 386).

2. Claude de Certieu, sieur du Verger, qui, dans les inventaires dressés après les décès du baron et de la baronne de Chantal, est mentionné comme leur écuyer, épousa à Paris, le 18 août 1631, demoiselle Claude de Bontemps, fille de feu François de Bontemps, écuyer, sieur de Boissy. Parmi les témoins de ce mariage, on remarquait notamment Ferdinand de La Baume, comte de Montrevel, et Marie Ollier, son épouse ; Paul Ardier, président à la Chambre des Comptes de Paris ; Marie de Cossé, épouse du maréchal de La Meilleraye ; Louis de Cossé, duc de Brissac, et le fait que le comte de Montrevel donnait au futur époux trois mille livres en considération de ce mariage semble bien indiquer que ce dernier était passé à son service quand il avait quitté celui de la baronne de Chantal (Arch. nat., Y, 131, fol. 395v°).

jusqu'au jour de son mariage, mais elle ne la quitta qu'avec la vie et les termes dans lesquels elle en témoignera dans son testament du 25 septembre 1649 sont une preuve des sentiments de sympathie que Marie de Rabutin savait déjà inspirer autour d'elle, déclarant ladite testatrice « qu'elle n'a demeuré près de la personne de madame la marquise de Sévigné depuis son mariage que par pure affection qu'elle lui a toujours portée et porte pour l'avoir élevée toute jeune et n'ayant jamais eu aucun besoin de lui demander aucune reconnaissance ni appointements depuis ledit temps, ayant eu assez de bien de son chef pour s'entretenir honorablement[1] ».

Parmi les compagnons journaliers de son existence, au milieu desquels Marie de Rabutin avait vécu jusque-là à l'hôtel de la Place Royale, et qui la suivirent dans sa nouvelle demeure, il faut aussi compter ses autres oncles, les Coulanges, frères cadets de Philippe de Coulanges, son tuteur, et de l'abbé de Livry, ces quatre ou cinq jeunes gens, un peu turbulents, qui faisaient de grandes dépenses, et qui paraissent avoir un moment causé une certaine frayeur à la mère de Chantal. Deux d'entre eux devaient d'ailleurs disparaître prématurément. Le 13 avril 1637 mourait, à l'âge de dix-huit ans et demi, Alexandre de Coulanges, sieur de la Tour, filleul de la baronne de Chantal[2]. En 1639, Antoine de Coulanges, sieur de Richefons, lieutenant aux gardes du corps du roi et que nous avons vu figurer au conseil de famille de Marie de Rabutin du 7 janvier 1638, succombait aux suites d'un duel avec le comte de Comminges et Henri Arnauld écrivait à ce sujet au président Barillon, à la date du 16 mars 1639 : « Coulanges se battit hier en duel,

<hr>

1. *Lettres de madame de Sévigné*, I, 333.
2. Bibl. nat. Manuscrits. Nouv. acq. fr. 3616, n° 2274; Guilhermy, *Inscriptions chrétiennes de la France*, I, 748.

dans la Place Royale, sans second, contre Comminges qui lui donna deux grands coups d'épée dont il est sans aucune espérance. C'était une vieille querelle. Comminges l'avait voulu déshonorer, ayant dit au roi qu'il avait fui en une occasion pendant le siège de Saint-Omer, ce qui était très faux, les autres officiers des gardes ayant attesté qu'il y avait fort bien fait... » Et dans une lettre du 20 mars 1639, Henri Arnauld ajoutait : « Coulanges mourut avant-hier[1] ».

Quant aux deux autres Coulanges, oncles de Marie de Rabutin, Louis, sieur de Chésières, et Charles, sieur de Saint-Aubin, nous les voyons alors partageant leur temps entre la Cour, l'armée et le logis de leur frère aîné; le 8 janvier 1637, le jour même où le conseil de famille de Marie de Rabutin lui avait donné un nouveau tuteur en la personne de Philippe de Coulanges, un autre conseil de famille avait autorisé Louis, alors enseigne au régiment des gardes dans la compagnie de M. de Savignac, à contracter un emprunt de treize mille livres pour acheter une charge de lieutenant dans la même compagnie. L'un et l'autre sont fréquemment mentionnés pendant cette période dans le Journal d'Olivier Le Fèvre d'Ormesson, beau-frère de Philippe de Coulanges; le 24 avril 1643, celui-ci note à propos de la dernière maladie de Louis XIII : « Après dîner, vint un homme de la part de M. de Chésières, frère de M. de Coulanges, qui revenait de Saint-Germain, nous dire que le roi se portait mieux, avait dormi, était sans fièvre[2]... » Et le 14 mai il écrit : « Le jeudi 14 mai, fête de l'Ascension, j'allai aux Minimes entretenir mon frère. Au sortir, je trouvai un de MM. de Coulanges, appelé Saint-Aubin, qui me dit que l'abbé de Fiesque

---

1. Bibl. nat. Manuscrits. Fonds franç. 3771, fol. 7 et 7ᵛᵒ.
2. *Journal d'Olivier Le Fèvre d'Ormesson*, I, 34.

venait de lui dire que le roi était mort ce matin à huit heures[1]. »
Le 25 juillet 1644, Olivier Le Fèvre d'Ormesson note encore,
à propos du siège de Gravelines : « Mon père revint le soir
d'Ormesson avec M. de Coulanges, qui reçut lettres de
Chésières que le siège s'avançait toujours[2] ». M. de Chésières
mourut en 1675 et M. de Saint-Aubin en 1689 et l'on trouve
dans les lettres de madame de Sévigné de nombreux témoignages des relations d'amitié qu'elle ne cessa d'entretenir
avec eux jusqu'à leur dernier jour.

Mais une autre compagnie qui, plus encore, fit le charme
et la joie de Marie de Rabutin pendant cette période dans la
maison de son oncle et tuteur, ce furent les propres enfants
de celui-ci; le 24 août 1633, l'année même de la mort de la
baronne de Chantal, était baptisé, dans l'église Saint-Paul à
Paris, Philippe-Emmanuel de Coulanges, fils de Philippe de
Coulanges, maître des comptes et de Marie Le Fèvre d'Ormesson. Pour apprécier toute la place que le nouveau-né a
tenue pendant plus d'un demi-siècle dans l'existence de
madame de Sévigné, il faudrait citer ici toute leur correspondance : « Je l'aime comme ma vie[3] », écrira-t-elle un
jour et l'on se rappelle comment elle lui écrivait elle-même :
« Le moyen que vous ne m'aimiez pas; c'est la première chose
que vous avez faite quand vous avez commencé d'ouvrir les
yeux et c'est moi aussi qui ai commencé la mode de vous
aimer ». Et ce perpétuel enfant que fut Philippe-Emmanuel de
Coulanges ne demeure pas en reste sur ces témoignages de
tendresse, lorsqu'il écrit dans la Relation de son voyage en
Allemagne et en Italie en 1657 et 1658 : « Madame la mar-

1. *Journal d'Olivier Le Fèvre d'Ormesson*, I, 40.
2. *Ibid.*, 198.
3. Madame de Sévigné à madame de Grignan, 3 juillet 1672 (*Lettres de
madame de Sévigné*, III, 134).

quise de Sévigné, ma cousine germaine, dame d'un mérite
extraordinaire et pour laquelle j'ai eu toute ma vie une très
grande amitié [1] ». Le 14 juin 1639 était baptisée à l'église
de Saint-Gervais une sœur de Philippe-Emmanuel, Anne de
Coulanges, la future comtesse de Sanzei [2]. Plus de quarante ans
plus tard, madame de Sévigné se souvenait encore des jeux et
des frayeurs enfantines de son cousin et de sa cousine, dont
les premières années avaient été hantées par la crainte d'un
fantôme mystérieux, dénommé *Cafut,* lorsqu'elle écrit à sa
fille le 15 novembre 1684, à propos de Philippe-Emmanuel :
« Il vous a mise dans la folie de la Cuverdan, mais nous ne
savons si c'est une vérité ou une vision, car il dit qu'elle est
fille de *Cafut,* lequel était une folie de son enfance, dont il
était grippé au point qu'on lui en donna le fouet parce qu'on
craignait qu'il n'en devînt fou avec madame de Sanzei [3] ».

Et nous ne rappelons ici que pour mémoire trois autres
enfants de Philippe de Coulanges et de Marie Le Fèvre d'Ormesson, nés pendant le temps que mademoiselle de Chantal
demeura confiée à leurs soins : André de Coulanges, baptisé
à Saint-Gervais, le 3 février 1638, qui eut pour parrain
André Le Fèvre d'Ormesson, et pour marraine Henriette de
Coulanges, marquise de la Trousse et qui mourut le 26 décembre 1641 [4]; Marie-Madeleine de Coulanges, la future
madame d'Harouys, baptisée le 23 mai 1642, et qui eut pour
parrain son oncle Louis de Coulanges, sieur de Chésières et
pour marraine Marie de Fourcy [5], et André de Coulanges,

---

1. *Mémoires de M. de Coulanges* (Bibl. nat. Manuscrits. Fonds fr.
8994, fol. 47).
2. *Revue historique et nobiliaire,* année 1873, p. 346.
3. *Lettres de madame de Sévigné,* VII, 314.
4. Bibl. nat. Manuscrits. Nouv. acq. fr. 3516, n°s 2275 et 2276 et Guilhermy,
Inscriptions chrétiennes de la France, I, 750.
5. Bibl. nat. Manuscrits. Nouv. acq. fr. 3616, n° 2319.

baptisé le 3 octobre 1643 et qui eut pour marraine Marie de
Rabutin elle-même, ainsi qu'il résulte de l'acte de baptême
suivant tiré des anciens registres de l'état-civil de l'église
Saint-Gervais : « Le samedi, troisième dudit mois d'octobre,
a été baptisé André, fils de messire Philippe de Coulanges,
sieur de La Tour, conseiller du Roi, maître ordinaire en sa
Chambre des Comptes, et de dame Marie Le Fèvre d'Ormesson,
sa femme, le parrain, messire André Le Fèvre d'Ormesson,
conseiller du Roi en ses conseils, la marraine demoiselle Marie
de Rabutin, fille de M. le baron de Chantal [1] ». Ce filleul de
mademoiselle de Chantal n'eut d'ailleurs qu'une existence
éphémère, car nous trouvons dans les mêmes registres de la
paroisse Saint-Gervais l'acte suivant à la date du 9 août 1646 :
« Le jeudi, neuvième dudit mois, a été fait le convoi de feu
André, âgé de deux ans huit mois, fils de messire Philippe
de Coulanges, conseiller du Roi et maître ordinaire en sa
Chambre des Comptes, et de dame Marie Le Fèvre d'Ormesson,
décédé à leur maison rue des Francs-Bourgeois, et porté en
l'église de la Visitation Sainte-Marie, lieu de sa sépulture [2] ».

Si nous sortons de l'hôtel de Philippe de Coulanges pour
rechercher quels ont été à Paris ou en dehors de Paris les
autres milieux dans lesquels a vécu mademoiselle de Chantal

1. Bibl. nat. Manuscrits. Nouv. acq. fr. 3616, n° 2277.
2. Bibl. nat. Manuscrits. Nouv. acq. fr. 3616, n° 2278 et Guilhermy.
Inscriptions chrétiennes de la France, I, 751. Avant d'être marraine de son
cousin André de Coulanges, Marie de Rabutin avait été marraine à l'église
de Saint-Eustache en 1639, ainsi qu'en témoigne l'acte de baptême suivant
tiré des anciens registres de l'état civil de cette église : « Le mercredi
22 juin 1639, fut baptisé Louis, fils de honorable homme Laurent Étienne,
valet de chambre de Monseigneur, frère unique du roi et de Marguerite Carelle, sa femme, demeurant rue d'Orléans, le parrain noble homme
Louis de Saint-Bonnet, seigneur de Toiras, la marraine Marie de Rabutin,
fille de noble homme monsieur de Chantal, baron ». (Bibl. nat. Manuscrits.
Nouv. acq. fr. 3622, n° 8512).

et les principales influences qui se sont exercées sur elle pendant cette période si importante de sa vie qui va de la mort de sa mère à son mariage, nous devons mentionner tout d'abord son grand-oncle, Mgr André Frémyot, ancien archevêque de Bourges. Nous avons déjà vu comment, plus que la mère de Chantal elle-même, il avait été ému par les morts successives du baron et de la baronne de Chantal, comment aucun détail des questions touchant à l'existence et à l'éducation de la jeune orpheline ne l'avait laissé indifférent et comment c'est dans ses lettres à sa sœur conservées aux archives du premier monastère de la Visitation d'Annecy que nous trouvons les plus nombreux détails à ce sujet. Nous connaissons aussi, par le témoignage de la mère de Chaugy, toute l'étendue de sa charité : « Ses aumônes et ses charités étaient innombrables; s'il avait de grands biens, aussi en faisait-il de grandes et ses dernières années il nourrissait plus de deux et quelquefois trois cents pauvres, tant Lorrains qu'autres, les faisant travailler à son abbaye de Ferrières [1] ». Et nous savons de même par son propre témoignage son amour de l'étude et sa passion de la lecture : « Je suis toujours dans cette solitude, écrivait-il de son abbaye de Ferrières à la mère de Chantal, où je suis visité plus souvent que je ne voudrais de beaucoup de personnes. Rien ne m'est si doux que la tranquillité et le repos que je prends dans la lecture d'un monde de bons livres qui me servent d'entretien et qui me font trouver le temps si court que je me trouve à la nuit souvent avec déplaisir, ne croyant pas encore avoir atteint la moitié de la journée [2] ». Il ne

1. *Mémoires sur la Vie et les Vertus de sainte Jeanne-Françoise Frémyot de Chantal*, par la mère de Chaugy, p. 299.
2. *Les deux filles de sainte Chantal*, par madame la comtesse de Menthon, p. 147.

serait pas moins aisé de montrer par d'autres témoignages
tirés de diverses sources comment ses qualités personnelles,
le haut rang qu'il occupait dans l'église de France, les importants services rendus par sa famille à la cause royale pendant
les troubles de la Ligue et ses relations de parenté ou
d'alliance avec les familles parlementaires les plus considérables de Bourgogne l'amenèrent à jouer un rôle souvent
important. Membre du conseil du roi pendant de longues
années, chargé de plusieurs missions successives à Rome,
il fut dans plus d'une circonstance un auxiliaire précieux
de la politique royale. Lorsqu'en 1633 les violences du duc
d'Épernon à l'égard de l'archevêque de Bordeaux eurent soulevé la plus vive émotion dans l'église de France, c'est dans
son hôtel de la Place Royale que se réunit, aux mois de
janvier et février 1634, l'assemblée particulière des évêques
qui fut appelée à statuer sur cet incident[1]. Quelques années
plus tard, diverses difficultés s'étant élevées avec la Cour de
Rome, c'est aussi dans son hôtel qu'un certain nombre
d'évêques s'étaient d'abord réunis pour en délibérer. Henri
Arnauld écrivait à ce sujet au président Barillon le 18 décembre 1639 : « Les dispositions à notre brouillerie avec Rome
paraissent tous les jours plus grandes. Nos prélats avaient
commencé à se diviser, les uns s'assemblant à Sainte-Geneviève
et les autres chez monsieur de Bourges, l'ancien, mais monsieur
le cardinal leur a dit de ne se point séparer et hier tout alla
à Sainte-Geneviève[2] ». Et lorsque, en présence des dépenses
causées par la guerre, le pouvoir royal dut demander aux
assemblées du clergé de voter, sous forme de don gratuit,
des contributions de plus en plus lourdes, le concours de
Mgr Frémyot ne fut pas inutile pour préparer les esprits de

1. Arch. nat. G⁸95.
2. Bibl. nat. Manuscrits. Fonds fr. 20632, fol. 222.

ses confrères à consentir ces lourds sacrifices. Le cardinal de Richelieu ne dédaignait pas à l'occasion de lui donner des témoignages d'amitié : « Monsieur le Cardinal. écrit Henri Arnauld au président Barillon le 6 novembre 1639. a couché en venant à Ferrières chez le bonhomme monsieur l'archevêque de Bourges lequel en est ravi de joie[1] ». Celui-ci ne cachait pas lui-même ses sympathies pour le tout-puissant ministre, au risque de braver l'opinion. Lorsque le 28 janvier 1641. le cardinal donna une grande comédie à l'occasion des fiançailles de sa nièce Claire-Clémence de Maillé-Brézé avec le duc d'Enghien, « tous les évêques qui sont à Paris, écrit Henri Arnauld, ont été priés à la comédie ; il n'y en avait que cinq, savoir MM. de Bourges, l'ancien et le moderne, et MM. de Valence, d'Amiens et de Nîmes, sans compter M. de Chartres qui faisait l'honneur de la maison[2] ».

Si l'on veut bien se souvenir, d'autre part, que Marie de Rabutin avait quinze ans à la mort de son grand-oncle et qu'elle a dû lui faire de nombreuses visites pendant les longs séjours qu'il faisait dans son hôtel de la Place Royale, on ne saurait douter de l'influence qu'il a exercée sur elle et c'est sans doute là qu'il convient de chercher pour une large part le secret du goût de madame de Sévigné pour la lecture comme de l'intérêt qu'elle témoigna plus tard pour les questions religieuses.

Non loin de l'hôtel de la Place Royale. habité par son grand-oncle, on voyait alors le monastère des Minimes de la Place Royale et là encore Marie de Rabutin a dû faire de fréquentes visites avant son mariage. Non seulement, en effet. comme nous l'apprend la mère de Chaugy, Mgr Fré-

1. *Ibid.*
2. *Ibid.*, Fonds fr. 15611. fol. 10.

myot avait pour cette maison des Minimes une affection toute spéciale et c'est au moment où il y célébrait la messe, au mois de mai 1641, qu'il fut atteint par le mal qui devait l'emporter quelques jours plus tard, mais ce monastère comptait parmi ses membres un frère de Marie Le Fèvre d'Ormesson, et le journal d'Olivier Le Fèvre d'Ormesson, fait mention des fréquentes visites qu'il y faisait avec divers membres de sa famille. C'est ainsi notamment qu'il écrit à la date du 5 avril 1644 : « Le mardi 5 avril, le matin, au conseil des parties, le soir aux Minimes, jour de Saint-François de Paule. Mon père y dîna et beaucoup des amis de la maison ; ils furent bien traités. La reine y vint à vêpres. M. l'évêque d'Uzès y prêcha, la musique du roi y fut excellente, mademoiselle de Chantal quêta[1]. »

---

1. *Journal d'Olivier Le Fèvre d'Ormesson*, I, 165.

VII

MADEMOISELLE DE CHANTAL ET LA VISITATION

Dans cette rapide revue des principaux milieux dans lesquels se sont épanouies l'enfance et la jeunesse de mademoiselle de Chantal on ne saurait faire une place trop importante à la Visitation et surtout, en dehors de la mère de Chantal elle-même, au monastère de la rue Saint-Antoine de Paris. Ce n'est pas seulement par les liens du sang que Marie de Rabutin a tenu de la manière la plus étroite à la sainte fondatrice de la Visitation, c'est aussi par la vénération sans bornes et le véritable culte dont sa famille maternelle n'a pas cessé d'entourer la mère de Chantal et la congrégation naissante, vénération et culte dont elle n'a pas cessé de donner les marques les plus touchantes. Lorsqu'en 1627 le baron de Chantal est tué à l'île de Ré. c'est au monastère de la rue Saint-Antoine qu'est confié son cœur; en 1633, c'est sa femme, Marie de Coulanges, qui y est enterrée et l'année suivante Marie de Bèze. Et lorsque, en cette même année. le monastère se décida à bâtir une église rue Saint-Antoine, le grand-père de mademoiselle de Chantal, Philippe de Coulanges, proposa de construire à ses

frais une chapelle dans cette église et, sous cette chapelle,
un caveau à la condition que lui seul et les membres de sa
famille pourraient faire dire la messe en cette chapelle et être
enterrés dans ce caveau.

Cette proposition, agréée par la supérieure et les religieuses du monastère, fit l'objet d'un acte passé le 8 août 1634
par-devant Mr Cousinet, notaire au Châtelet de Paris. Il
y était dit notamment que monsieur de Coulanges « ayant
toujours été porté d'une pieuse affection envers les dévotes
religieuses du monastère de la Visitation de Sainte-Marie
depuis leur établissement à Paris aurait, pour leur en rendre
témoignage, mis en dépôt dans leur chapelle le cœur de
messire Celse-Bénigne de Rabutin, baron de Chantal, son
gendre et depuis le corps de feue dame Marie de Colanges,
sa fille, femme dudit sieur de Chantal et depuis peu de
temps encore celui de dame Marie de Bèze, son épouse,
trois gages suffisants pour, après les avoir chèrement aimés
durant leur vie, désirer d'être joint à eux après qu'il aura
plu à Dieu de disposer de lui... » Il était ajouté que, porté
de ce désir, il se serait adressé à la supérieure et aux religieuses dudit monastère et les aurait « suppliées de lui vouloir concéder et accorder l'usage et jouissance d'une chapelle
et cave sous icelle dans l'église qu'elles ont nouvellement
fait édifier sur la rue Saint-Antoine tant pour lui que pour
ses enfants et descendants d'eux, leurs maris et leurs
femmes, pour en ladite chapelle faire leurs prières et orai-
sons, ouïr et entendre le service divin, et faire célébrer la
sainte messe seuls et à l'exclusion de toutes autres personnes, si ce n'est de leur consentement, et pour en ladite
cave faire transporter le cœur dudit feu sieur de Chantal
et les corps desdites dames, ensemble y être faite la sépulture de sesdits enfants et descendants d'eux, leurs femmes

et leurs maris lorsqu'il plaira à Dieu d'en disposer ». En
échange de ce privilège, M. de Coulanges s'engageait à
payer au monastère la somme de 3.345 livres à laquelle
s'était trouvé monter le total des dépenses faites pour la
construction et la décoration de cette chapelle[1].

Ainsi, depuis son enfance jusqu'à son mariage, mademoiselle de Chantal, lorsqu'elle était à Paris, a été conduite
chaque semaine, et sans doute plusieurs fois chaque semaine,
dans cette chapelle de la Visitation de la rue Saint-Antoine
où la messe était célébrée à l'intention exclusive de sa
famille et au-dessus même du caveau où reposaient les êtres
qui lui avaient été les plus chers. Mais là ne se sont pas arrê-
tées ses relations avec ce monastère. En vertu du privilège
que lui conférait sa qualité de petite-fille de la fondatrice et
dont nous la verrons user plus tard si souvent et dans un si
grand nombre de monastères de la Visitation, elle pouvait

1. Arch. nat. L. 1079, n° 26. Ces dispositions furent scrupuleusement
observées et après Philippe de Coulanges, enterré en 1636 au monastère de
la Visitation de la rue Saint-Antoine, la plupart des membres de sa famille
y furent enterrés dans le cours du xviiᵉ siècle : Marie Le Fèvre d'Ormesson,
sa belle-fille ; Philippe-Emmanuel de Coulanges et sa femme Marie du Gué
de Bagnols ; Guillaume d'Harouys et sa femme Marie-Madeleine de Coulanges ; Louis de Coulanges, sieur de Chésières ; l'abbé de Coulanges ; le
marquis de Sévigné y fut aussi enterré et l'on sait que madame de Sévigné
avait à plusieurs reprises exprimé le désir d'y être également inhumée si
elle mourait à Paris et que sa mort, survenue à Grignan, a sans doute été
le principal obstacle à la réalisation de ce désir. L'ancienne église du
monastère de la Visitation de la rue Saint-Antoine est aujourd'hui affectée
au culte protestant et l'on peut y voir à gauche, en entrant, la chapelle des
Coulanges. Des fouilles faites en 1834 dans les caveaux de cette église ont
permis d'y retrouver les restes de nombreux membres de la famille de
Coulanges ainsi que des membres d'autres familles qui avaient été enterrés
dans des caveaux voisins en vertu de privilèges analogues. On y a retrouvé
en même temps un grand nombre de plaques qui sont actuellement déposées
au Musée Carnavalet et dont le texte a été publié par Guilhermy dans
l'ouvrage que nous avons déjà cité : *Inscriptions chrétiennes de la France
du Vᵉ au XVIIIᵉ siècle*, I, pp. 746-761.

voir s'ouvrir devant elle les grilles du monastère et il est permis de supposer qu'elle usa d'autant plus souvent de ce privilège dans la maison de la rue Saint-Antoine qu'elle y rencontrait deux de ses tantes : Françoise-Jacqueline Petit et Marie-Antoinette Petit. Nous avons vu que la première avait été l'une des premières religieuses de ce monastère et y était entrée en 1619, avant même le mariage du baron de Chantal avec Marie de Coulanges. Nous avons vu aussi que leur mère, Antoinette de Coulanges, avait signé au contrat de mariage du baron et de la baronne de Chantal. Antoinette de Coulanges mourait en 1637 et elle était enterrée dans le caveau des Coulanges du monastère de la rue Saint-Antoine [1]. Lorsqu'en 1649 sa fille, la sœur Marie-Antoinette Petit, mourut dans ce monastère, la lettre circulaire qui, suivant l'usage, fut adressée aux divers monastères de la Congrégation célébrait ses mérites et ses vertus en des termes qui méritent d'être cités ici :

La seconde de nos sœurs décédées en ce même monastère de Paris fut notre chère sœur Marie-Antoinette Petit qui décéda le 11e d'octobre de la même année 1649, âgée de quarante ans, sept mois, professe choriste de vingt-deux et demi. Ellle était d'une des bonnes et honorables familles de cette dite ville, mais encore plus remarquable pour sa vertu et piété. Cette chère sœur était cousine germaine de feue madame la baronne de Chantal, belle-fille de notre bienheureuse mère ; la vertu qui a le plus excellé en elle a été la charité vers le prochain, spécialement vers les malades et infirmes qu'elle soulageait et servait en tout ce qu'elle pouvait, mais avec tant

---

1. La plaque relative à l'inhumation d'Antoinette de Coulanges dans les caveaux du monastère de la Visitation de la rue Saint-Antoine a été trouvée au cours de nouvelles fouilles faites récemment dans ces caveaux par M. Pagès qui prépare une étude sur l'histoire de l'ancienne église de la Visitation de la rue Saint-Antoine et auquel nous tenons à exprimer ici tous nos remerciments pour l'obligeauce avec laquelle il a bien voulu nous permettre de visiter cette église.

de cœur et de vigilance et de soin que cela était jusques à l'excès, s'il y en peut avoir en la pratique de cette vertu[1].

C'est aussi dans ce même monastère de la rue Saint-Antoine que Marie de Rabutin se rencontrait avec sa grand' mère elle-même, la mère de Chantal, quand celle-ci était appelée à Paris par les affaires de sa congrégation. On sait, en effet, que l'année même de sa mort, en 1641, elle passa plusieurs mois à Paris et l'on ne saurait manquer de rappeler ici le passage que, dans son *Histoire de la mère de Chantal*, Mgr Henry de Maupas du Tour a consacré aux rapports de la sainte fondatrice de la Visitation avec sa petite-fille pendant ce séjour.

En son dernier voyage à Paris, son cœur vraiment détaché des créatures et mortifié au delà de ce qu'on peut dire traita mademoiselle de Chantal, sa petite-fille, autant aimée d'elle qu'elle est aimable, avec tant de réserve que, l'ayant tous les jours auprès de soi, elle ne lui donna qu'environ une heure de son temps durant tout son séjour, encore ce fut à trois ou quatre reprises et seulement pour satisfaire aux devoirs de la charité et au zèle qu'elle avait de contribuer de ses soins au salut de cette âme si bien née et qui, grâce à Dieu, en fait si bon usage. Si j'ose dire que cette sage demoiselle est la digne fille d'une si digne mère et que la personne la plus indifférente ne lui saurait refuser une honnête amitié, à moins que de haïr la vertu, jugez quelle vertu à notre sainte veuve de se priver de la douceur de sa conversation après de si longues absences et de se surmonter soi-même dans les plus délicats sentiments de la nature et les plus légitimes[2].

1. Arch. dép. d'Ille-et-Vilaine, H. 2 h. 3, 105, p. 548. Fonds du Premier Monastère de la Visitation de Rennes : « Extrait d'une lettre de nos chères sœurs de la communauté de la Visitation Sainte-Marie de notre premier monastère de Paris sur le décès de deux de nos sœurs ».

2. *La Vie de la vénérable mère Jeanne-Françoise Frémyot*, par messire Henry de Maupas du Tour, evesque et comte du Puy. Paris, S. Paget, 1644, in-4º, p. 407. Dans cet ouvrage volumineux l'auteur n'a guère fait que

Le même fait se trouve également consigné dans la vie
inédite de la mère de Chantal écrite par la mère Luillier,
supérieure du monastère de la Visitation de la rue Saint-
Antoine et que Mgr Maupas du Tour n'a fait que reproduire
en la développant :

En son dernier voyage de Paris, son cœur vraiment détaché et
mortifié, ayant tous les jours proche de soi mademoiselle de Chantal
sa petite-fille, autant aimée d'elle qu'elle est aimable, ne lui donna
en tout son séjour qu'environ une heure de temps à trois ou quatre
reprises pour satisfaire seulement à ce que la charité et le salut de
cette âme si bien née et qui en a fait si bon usage requérait[1].

Une première conclusion peut être tirée de ces témoignages, c'est la présence journalière de Marie de Rabutin au
monastère de la rue Saint-Antoine. Quant au peu de temps
que la mère de Chantal aurait consacré à ses rapports avec
sa petite-fille pendant ce dernier séjour qu'elle fit à Paris, on
ne doit pas oublier que les relations de Mgr de Maupas et
de la mère Luillier ont été écrites dans un but d'édification,

paraphraser, en les accompagnant de commentaires sacrés ou profanes
parfois des plus inattendus, les renseignements très précieux et très abondants qui lui avaient été fournis par diverses religieuses de la Visitation
et dont on retrouve notamment l'inspiration, soit dans la vie de sainte
Chantal par la mère de Chaugy, soit dans la vie de la même sainte par la
mère Luillier, supérieure du monastère de la Visitation de la rue Saint-
Antoine.

1. *La vie de notre bienheureuse mère Jeanne-Françoise Frémyot dressée
par notre très honorée sœur Angélique Luillier sur les mémoires envoyés
de notre premier monastère d'Annecy* (Bibl. de l'Arsenal, Man. 6319,
3e partie, p. 102). D'après son titre, cette relation ne serait qu'une compi-
lation composée à l'aide de mémoires envoyés par le premier monastère de
la Visitation d'Annecy; toutefois, si elle ne fait guère que reproduire sur
la plupart des points et dans le même ordre la vie de la mère de Chantal
par la mère de Chaugy, elle renferme un certain nombre de détails qui ne
figurent pas dans cette dernière relation et qui présentent un intérêt particulier lorsqu'il s'agit de faits qui se sont passés à Paris et dont la mère
Luillier a pu être témoin.

que leurs auteurs, d'après leur plan même, ont été instinctivement portés à exagérer ce qu'ils veulent représenter comme un acte d'héroïsme de la part de leur personnage et qu'il ne s'agit d'ailleurs ici que des entretiens proprement dits que la mère de Chantal a eus avec la jeune orpheline, mais il n'est pas douteux que leurs rencontres n'aient été beaucoup plus fréquentes, sinon quotidiennes. Un autre passage de la relation de la mère Luillier nous montre d'ailleurs comment, plus de trente ans auparavant, la mère de Chantal en usait à Annecy même avec sa propre fille, Marie-Aimée de Rabutin, baronne de Thorens :

Feue madame de Thorens, sa fille, qui demeurait souvent au monastère, n'ayant pas lors la clôture arrêtée, se trouvait tous les matins à la rencontre de sa digne mère allant à l'oraison pour lui donner le bonjour, mais la sainte, sans dire mot, lui rendait en silence par un amiable regard ou quelque petite caresse toute suavement maternelle[1].

Il est permis de supposer que le même fait a dû se passer plus d'une fois dans le monastère de la rue Saint-Antoine et qu'aux effusions de sa petite-fille la mère de Chantal n'a répondu que par un aimable regard ou une petite caresse sans qu'on puisse mettre en doute pour cela la tendresse dont elle l'entourait. Pour expliquer une pareille conduite il est d'ailleurs, en outre de considérations religieuses, une autre raison plus que plausible. Lorsque la mère de Chantal en usait ainsi à Annecy à l'égard de sa propre fille, elle n'avait à diriger qu'un seul monastère composé de quelques religieuses. En 1641, elle avait la charge d'un grand nombre de monastères : elle avait, en outre, à répondre à tout un peuple accouru pour la vénérer ou pour demander ses con-

1. *Ibid.*, 3ᵉ série. p. 109.

seils. C'est aussi ce que la mère Luillier explique dans sa
relation avec d'autant plus d'autorité qu'elle en a été le
témoin :

Le concours des visites et des personnes de tous états et conditions et même de tous pays fut si grande que, n'y pouvant fournir
sans perte de quelqu'un de ses exercices, elle se levait tous les jours
dès les trois ou quatre heures du matin pour les reprendre et
répondre aux lettres qu'on lui écrivait comme aussi pour vaquer à
l'entretien des filles et de ceux qui la venaient consulter, car,
comme sa réputation croissait de jour en autre, aussi bien que sa
sainteté, tout le monde désirait d'y prendre part et lui jeter dans le
cœur toutes ses peines, travaux et difficultés, tant pour s'instruire et
prendre conseil que pour se soulager[1].

Ainsi donc la mère de Chantal n'a pas cessé jusqu'à son
dernier jour de porter le plus vif intérêt à sa petite-fille et,
peu de temps avant sa mort, elle écrivait de Moulins à son
neveu, Mgr de Neuchèze, évêque de Chalon :

Vous allez à Paris... Si Mgr de Sens est encore là, je le salue
avec un très humble respect comme aussi toute la troupe et chère
famille de M. de Coulanges, à part ma petite-fille[2].

La mort de la mère de Chantal n'eut d'ailleurs point pour
effet de rompre les relations existant entre la famille de
Coulanges et la Visitation. Il semble qu'au contraire de nouveaux liens de toute sorte se soient à ce moment établis
entre elles. Déjà, au mois d'avril 1641, une tante de Marie
de Rabutin, Henriette de Coulanges, marquise de La Trousse,
avait loué une chambre dans une maison sise rue du Petit-
Musc et appartenant au monastère de la rue Saint-Antoine.
On lit, en effet, dans le livre des contrats de ce monastère :

1. *Ibid.*, 3ᵉ série, p. 107.
2. *OEuvres de sainte Chantal*, VII, 492.

Le vingt-et-unième avril 1641 nous avons baillé un bail sous seing privé à madame de La Trousse d'une chambre qu'occupait feu M. Crichan moyennant la somme de cent livres par an à commencer le premier de mai de la présente année 1641 [1].

Quelques mois plus tard c'était l'oncle de Marie de Rabutin, l'abbé de Coulanges, le « bien bon », qui louait à son tour une maison voisine, également située rue du Petit-Musc et faisant partie des premiers bâtiments du monastère. On lit, en effet, dans le même livre de contrats :

Le troisième jour de décembre 1641 a été baillé à loyer pour six ans à M. de Coulanges, abbé de Livry, un corps de logis appartenant à ce monastère sis en la rue du Petit-Musc prenant depuis la porte cochère jusques au petit escalier de dégagement, à commencer du premier jour de janvier prochain moyennant la somme de mille livres par an [2].

Et quelques années plus tard, en 1646, deux ans après le mariage de mademoiselle de Chantal, nous verrons une de ses cousines germaines, Marie-Madeleine de Coulanges, à peine âgée de quatre ans, entrer dans ce monastère ainsi qu'en témoigne ce passage du livre des contrats de professions de ce monastère :

Contrat de notre sœur de Coulanges. Le sixième jour de septembre 1646 par-devant Me Cousinet, notaire, messire Philippe de Colange et dame Marie Le Febvre d'Ormesson, son épouse, de lui autorisée pour l'effet des présentes, ont promis de donner la somme de quatorze mille livres tournois pour la dot de notre chère petite sœur Marie-Magdeleine de Colange, leur fille, que nous avons aujourd'hui reçue en qualité de petite fille, en cas qu'il plaise à Dieu l'appeler à la religion que pour tous frais généralement quelconques de vêture, ameublement, profession et vêtements d'église [3]...

1. Arch. nat. LL, 1715, fol. 46.
2. *Ibid.*, fol. 47.
3. Arch. nat. LL, 1718, fol. 60.

En marge de ce passage, on a écrit plus tard : « Ce contrat est nul par la sortie de cette chère sœur ». On sait, en effet, qu'après un séjour au monastère de la rue Saint-Antoine dont nous ignorons la durée exacte, Marie-Madeleine de Coulanges épousa en 1661 Guillaume d'Harouys, trésorier des États de Bretagne.

Mais ce serait singulièrement restreindre la place tenue par la Visitation dans l'enfance et la jeunesse de mademoiselle de Chantal que de n'y voir que les relations qu'elle a pu avoir par son intermédiaire avec la sainte fondatrice de la congrégation ou avec certains membres de sa famille maternelle et de ne pas montrer comment, dans ce milieu si peu mondain en apparence, la jeune orpheline a pu pourtant être mise en présence de personnages de toute sorte et dont certains ont joué un rôle important dans son existence.

On n'a pas besoin de rappeler, en effet, comment à certaines époques, certains ordres religieux ou certaines maisons religieuses ont joui d'une vogue toute particulière. Pour comprendre la place toute spéciale qui a été faite à ce point de vue à la Visitation pendant tout le cours du XVIIe siècle, il faut tenir compte de l'impression extraordinaire qu'avaient produite sur leurs contemporains les vertus de saint François de Sales et de la mère de Chantal. Lorsque, le 21 décembre 1641, Henri Arnauld annoncera au président Barrillon la mort de la sainte fondatrice de la Visitation, il écrira :

Vous avez vu la mort de madame de Chantal à Moulins où elle était venue pour donner l'habit à madame de Montmorency qui en est dans une affliction étrange, n'ayant point d'autre consolation sur la terre. C'était certainement la plus grande religieuse de ce siècle et qui avait en éminence toutes sortes d'excellentes qualités[1].

---

1. Bibl. nat. Manuscrits. Fonds fr. 3781, fol. 168.

De cette vogue les monastères de Paris furent, comme il
est naturel, les premiers à profiter, d'abord celui de la rue
Saint-Antoine, puis celui du faubourg Saint-Jacques fondé
en 1626, et ensuite celui de Chaillot fondé en 1651. Les
Annales manuscrites du premier de ces monastères[1] nous ont
conservé le souvenir des faveurs et des distinctions de toutes
sortes qui lui furent prodiguées et raconté comment, dès les
premières années de sa fondation. les deux reines Marie de
Médicis et Anne d'Autriche l'honorèrent souvent de leurs
visites et comment le roi Louis XIII s'y rendit fréquemment
après que Louise-Angélique de La Fayette s'y fut réfugiée.
On sait aussi que lorsque Henriette de France, chassée de son
trône, vint chercher un refuge en France avec ses enfants,
c'est la Visitation de Chaillot qu'elle choisit comme le lieu de
sa retraite et si, plus tard, mademoiselle de La Vallière,
devenue sœur Louise de la Miséricorde, édifia par le spectacle des plus hautes vertus le monastère des Carmélites de
la rue Saint-Jacques, on ne doit pas oublier que c'est à la
Visitation de Chaillot que, trois ans auparavant, elle était
d'abord allée demander un asile.

Des exemples venus de si haut ne pouvaient manquer
d'être suivis. Aussi est-ce à l'envi que l'on put voir dès le
début les personnages les plus distingués par leur situation
ou leurs vertus apporter au nouveau monastère le concours
de leur appui et les familles les plus éminentes contribuer à
son recrutement. Après la comtesse de Saint-Paul. la prési-

1. L'ancien monastère de la Visitation de la rue Saint-Antoine ou premier monastère de la Visitation de Paris est aujourd'hui continué par
celui de la rue Denfert-Rochereau et nous tenons à exprimer ici nos
respectueux remerciements à madame la Supérieure de ce monastère pour
l'obligeance avec laquelle elle a bien voulu nous faire donner communication de divers documents relatifs à son histoire et notamment des Annales
manuscrites qu'il possède.

dente Amelot, madame de Villesavin et madame de Gouffier qui sollicitèrent de saint François de Sales l'établissement du nouveau monastère et après le cardinal de Retz, archevêque de Paris, qui accorda les autorisations nécessaires, c'est le commandeur de Sillery, qui le combla de bienfaits de toutes sortes, qui fit dresser les plans de l'église par Hardouin Mansart, voulant en faire « un petit diminutif de Notre-Dame de la Rotonde qu'il avait vue à Rome » et qui en paya la principale dépense ainsi que beaucoup d'autres au point, écrivent les Annales manuscrites du monastère, que « nous avons ouï dire à nos anciennes sœurs que ce que nous avons reçu de cet illustre fondateur montait bien à la somme de 3oo ooo livres »; c'est Marguerite de Gondi, marquise de Maignelay, fondatrice du monastère des Filles repenties, qui demanda des religieuses de la Visitation pour diriger cette maison et qui, racontent les *Annales*, « était si charmée du gouvernement de nos sœurs qu'elle nous légua en mourant 18 ooo livres pour nous obliger à continuer de servir et de gouverner ces pauvres filles » : c'est Hélène-Angélique Luillier qui, à la suite de nombreux entretiens avec saint François de Sales et la mère de Chantal, entra au monastère en 1621, apportant avec elle une dot de 45 ooo livres, de qui, écrivent les *Annales*, « on espérait avec raison beaucoup de secours pour l'établissement de notre maison, tant à cause du bien qu'elle y voulait donner que de la protection de son illustre famille », qui fut plus tard, pendant de longues années, supérieure du monastère de la rue Saint-Antoine, puis de la Visitation de Chaillot et avec laquelle, disent encore les *Annales*, « notre sainte mère, dès qu'elle l'eut vue, se lia d'une amitié si parfaite qu'elle ne faisait presque rien sans lui demander son avis: on lui a trouvé plus de deux cent cinquante lettres de cette sainte fondatrice qui la consultait sur toutes les affaires

de l'ordre » ; c'est sa sœur, madame de Villeneuve, fondatrice
elle-même des Sœurs de la Croix, qui ne montra pas moins
de zèle pour les intérêts de la Visitation, qui habita pendant
longtemps une des maisons de la communauté sise rue du
Petit-Musc et qui voulut être enterrée dans l'église ; c'est
encore Madeleine-Élisabeth de Maupeou, tante de Nicolas
Fouquet, le futur surintendant, qui, entrée au couvent de
la rue Saint-Antoine, y remplit pendant de longues années
les fonctions de maîtresse des petites sœurs et fut ensuite
supérieure des maisons de Caen et de Bayonne. « Ce fut
en sa considération, nous apprennent les *Annales*, que
madame Fouquet, sa sœur, nous fit l'honneur de nous confier
mesdemoiselles ses filles qui ont été nos premières pensionnaires : cinq se sont consacrées à Dieu dans notre Institut,
deux à notre monastère du faubourg Saint-Jacques et trois
dans notre maison. »

C'est dans ce milieu de pieuses religieuses, de grandes
dames et de bienfaitrices dévouées que mademoiselle de
Chantal a passé une grande partie de son enfance et de sa
jeunesse et l'on comprend sans peine l'impression qu'elle en
a conservée. Sur les relations qu'elle a eues avec certaines
d'entre elles nous avons d'ailleurs mieux que des hypothèses.
Nous avons vu que, lorsque la mère de Chantal était alarmée
de la trop grande liberté que l'on laissait à sa petite-fille,
c'est à la mère Luillier qu'elle s'adressait pour en être
informée exactement et si la réponse de celle-ci ne nous a
pas été conservée, la mère Luillier nous a laissé, dans sa Vie
de la mère de Chantal, un jugement des plus précieux sur la
jeune orpheline. On verra aussi plus tard la marquise
de Sévigné s'intéresser à l'œuvre de madame de Villeneuve[1]

1. La vie et l'œuvre de madame de Villeneuve ont été récemment l'objet

et, bien que ne trouvant pas les sœurs de la Croix « aussi suffisantes que nos sœurs » (les sœurs de la Visitation), elle ne manquera pas pourtant de travailler à leur diffusion[1].

On ne saurait douter davantage que la marquise de Maignelay qui professait une si profonde vénération pour la sainte fondatrice de la Visitation ne se soit intéressée d'une manière particulière à sa petite-fille. Nous aurons d'ailleurs l'occasion d'y revenir quand nous parlerons du mariage de mademoiselle de Chantal et du rôle qu'y joua la marquise de Maignelay, rôle qui peut paraître d'autant moins douteux qu'elle était parente du marquis de Sévigné et qu'en 1646 nous la trouverons comme marraine de la future comtesse de Grignan.

Il ne paraît pas douteux davantage que c'est au monastère de la Visitation de la rue Saint-Antoine qu'il faut faire remonter l'origine des relations de la future marquise de Sévigné avec la famille de Fouquet et avec Fouquet lui-même dont trois sœurs entrèrent dans cette maison au moment même où Marie de Rabutin y allait presque chaque jour; on peut lire en effet dans la « Liste de toutes les religieuses reçues en ce premier monastère de la Visitation Sainte Marie de Paris depuis son établissement », les mentions suivantes : « Notre très chère sœur Anne-Madeleine Fouquet a fait la sainte profession le 8 juillet 1635... Notre très chère sœur Élisabeth-Angélique Fouquet a fait la sainte profession le 26 avril 1636... Notre très chère sœur Marie-Thérèse Fouquet a fait la sainte profession le 26 septembre 1638[2]. » Mais ces dates de profession sont elles-mêmes postérieures

d'une étude des plus complètes de la part du P. A. de Salinis dans un volume intitulé : *Madame de Villeneuve*. Paris, 1918. In-8º.

1. *Lettres de madame de Sévigné*, I, 153; III, 137.

2. Arch. nat. LL. 1718, fol. 10 et 10vº.

de plusieurs années aux dates de l'entrée de ces religieuses au monastère. Les notices qui leur ont été consacrées dans l'*Année sainte de la Visitation* nous apprennent en effet qu'elles y furent reçues dès l'âge le plus tendre. On lit dans l'*Abrégé de la vie et des vertus de notre très honorée sœur Élisabeth-Angélique Fouquet* : « Elle était la seconde des cinq filles que Dieu donna à monsieur et à madame Fouquet et que ces pieux parents consacrèrent successivement à Dieu dans notre saint ordre. Dès qu'elle eut atteint sa onzième année, madame Fouquet la confia aux soins de la très honorée mère Madeleine-Élisabeth de Maupeou, sa tante et sa marraine, alors maîtresse des petites sœurs du premier monastère[1]. » Et dans la notice consacrée à sa sœur Marie-Thérèse, après avoir dit l'estime de saint Vincent de Paul pour leur mère, on dit de même : « Ce fut des mains de cette vertueuse mère que notre chère sœur Marie-Thérèse passa à l'âge de neuf ans dans celles de nos sœurs du premier monastère de Paris parmi lesquelles se trouvait sa tante. Deux de ses aînées avaient été les premières enfants reçues en qualité de petites sœurs[2]. » Plus tard, les unes et les autres exercèrent les premières charges de l'Institut, Élisabeth-Angélique comme supérieure des maisons de Bayonne et de Toulouse, Marie-Thérèse comme supérieure du premier monastère de Paris. Les lettres de madame de Sévigné nous montreront l'attachement qu'elle conserva à Fouquet et à sa famille au moment de ses plus grandes épreuves et comment elle allait s'entretenir avec la supérieure de la rue Saint-Antoine des incidents du procès, et dans ces visites il est permis de supposer qu'elle n'oubliait pas une des sœurs du surintendant, Élisabeth-Angélique, alors dans ce monastère : « On

1. *L'Année sainte de la Visitation*, IV, 432.
2. *Ibid.*, IV, 436.

sait. dit la notice consacrée à cette sœur, quels furent en l'année 1661 les malheurs de M. Fouquet, ministre d'État et surintendant des finances, et comment il entraîna malgré lui dans sa chute tous les membres de sa maison dont les uns furent disgràciés, les autres exilés. Notre sœur Élisabeth-Angélique fut profondément affligée du malheur de son frère qu'elle aimait tendrement. La vue de la Bastille qui dominait les jardins du monastère augmentait encore sa douleur[1]. »

Si nous n'avons aucun document précis sur les relations ayant pu exister entre mademoiselle de Chantal et Louise-Angélique de La Fayette depuis l'entrée de celle-ci au monastère de la rue Saint-Antoine en 1637 jusqu'au mariage de la première en 1644, il ne paraît pas douteux non plus que ces relations n'aient été des plus fréquentes et des plus intimes. Toute une série de faits postérieurs sont d'ailleurs là pour l'attester. car. après que la mère de mademoiselle de La Vergne eut épousé en secondes noces le chevalier de Sévigné, nous verrons sa fille épouser le comte de La Fayette, frère de la religieuse de la Visitation. malgré une inégalité

---

1. *L'Année sainte de la Visitation*, IV, 436. Un certain nombre d'années plus tard. une autre sœur du surintendant, Marie-Thérèse, était supérieure de ce monastère qui comptait alors parmi ses religieuses une sœur de Colbert : « Nommée supérieure du premier monastère de Paris en 1691, on la vit choisir pour assistante notre très honorée sœur Louise-Élisabeth Colbert, sœur du ministre qui avait succédé aux charges et à la faveur du surintendant... Un grand cardinal disait : c'est chose admirable de voir les prévenances de la mère Fouquet pour la sœur Colbert. » *Ibid.* Le monastère de la Visitation de la rue Saint-Antoine, soit dans ses Annales manuscrites, soit dans les notices consacrées à plusieurs de ses religieuses, n'a jamais cessé de proclamer les bienfaits qu'il avait reçus de Fouquet et de sa famille. En 1640. François Fouquet. le père du surintendant, avait été enterré dans les caveaux de l'église de ce monastère : le surintendant y a été de même enterré ainsi que plusieurs autres membres de la famille au XVIIe et au XVIIIe siècle.

flagrante de fortune et de condition et il est bien difficile de supposer que madame de Sévigné y ait été étrangère. Et c'est aussi par la Visitation, et indirectement par madame de Sévigné, que doivent s'expliquer plusieurs relations de madame de La Fayette qui jouèrent un si grand rôle dans son existence, soit avec Henriette d'Angleterre qu'elle connut, comme elle le déclare elle-même, à la Visitation de Chaillot, soit avec Jeanne-Baptiste de Savoie Nemours, la future duchesse de Savoie, qu'elle connut rue Saint-Antoine. On lit, en effet, dans les Annales manuscrites de ce dernier monastère : « En 1647, madame la duchesse de Nemours, ayant eu la douleur de perdre le prince son époux, cette princesse choisit notre maison pour sa retraite... Madame la duchesse de Nemours étant morte, elle ordonna par son testament que les princesses ses filles demeurassent dans notre monastère jusqu'à leur établissement... L'aînée a été duchesse de Savoie et la cadette, mademoiselle d'Aumale, reine de Portugal. Les témoignages de bonté que nous avons reçus de ces illustres souveraines sont sans nombre... »

Nous verrons que de cet attachement à la Visitation mademoiselle de Chantal, devenue marquise de Sévigné, n'a jamais cessé de donner des témoignages. Pendant qu'elle allait s'entretenir avec la supérieure de la rue Saint-Antoine des malheurs de Fouquet, elle confiait sa fille au monastère du faubourg Saint-Jacques, et lorsque celle-ci, devenue comtesse de Grignan, part pour la Provence, elle se réfugie dans ce dernier couvent pour y chercher une diversion à sa tristesse et elle y retourne ensuite pour y retrouver des souvenirs de sa fille. Elle lui écrit le 29 janvier 1672 :

A Sainte-Marie du faubourg, vendredi 29 janvier.

Me voici dans un lieu, ma bonne, qui est le lieu du monde où j'ai pleuré, le jour de votre départ, le plus abondamment et le plus amèrement. Ma bonne, je n'en puis plus, votre souvenir me tue en mille occasions ; j'ai pensé mourir dans ce jardin où je vous ai vue mille fois [1].

Et de même dans toute la France, à Angers, à Lyon, à Moulins, à Nantes, à Valence, partout où la conduisent ses déplacements, elle fait de longues visites aux monastères de la Visitation Sainte-Marie, y reçoit partout le meilleur accueil et y est accueillie comme la « relique vivante » [2].

1. *Lettres de madame de Sévigné*, II, 483-48(.
2. *Ibid.*, II, 107 ; III, 23(, 237 ; IV, 4(9, 462.

VIII

L'INSTRUCTION. — LES PREMIERS MAITRES.
CHAPELAIN ET MÉNAGE.

A tous ces faits qui montrent l'influence que la Visitation a exercée à tant de titres et de tant de manières sur l'enfance et sur la jeunesse de la future marquise de Sévigné faut-il joindre un rôle quelconque dans son instruction? On sait comment cette question de son instruction a été résolue jusqu'ici : « L'abbé de Coulanges, quoique apparemment peu capable de former le talent de sa pupille, écrit Paul Mesnard, mit du moins beaucoup de soin à choisir pour son instruction des hommes savants et lettrés : Chapelain qui n'avait pas encore passé par les verges de Boileau et n'avait pas encore publié la Pucelle. Ménage qui n'était pas encore Vadius[1]. » Or, non seulement, comme nous l'avons déjà vu, l'abbé de Coulanges n'a jamais été tuteur de Marie de Rabutin et n'a par suite jamais eu à intervenir en cette qualité dans le choix de ses maîtres. mais la vérité est que les données positives que nous possédons sur ce point peuvent

1. *Lettres de madame de Sévigné* : Notice biographique, I. 24.

se résumer en quelques lignes : le fait que dans la délibération du 20 mars 1637 le conseil de famille de mademoiselle de Chantal fixa à douze cents livres par an le montant de la dépense pour son entretien et son instruction et le fait que dans une lettre du 21 juin 1671 madame de Sévigné parle « des bons maîtres qu'elle a eus [1] » sans d'ailleurs en désigner aucun et s'il ne paraît pas douteux que Chapelain et Ménage doivent être comptés parmi ces maîtres, nous ne savons ni à quel moment ils ont rempli ces fonctions, ni à quel titre, ni quelle a été la matière de leur enseignement. Et il ne paraît pas douteux davantage qu'en dehors de Chapelain et de Ménage et avant eux mademoiselle de Chantal a eu d'autres maîtres au sujet desquels on ne peut faire que des conjectures plus ou moins plausibles.

Il convient de remarquer tout d'abord que lorsqu'en 1637 le conseil de famille de mademoiselle de Chantal s'occupa expressément de son instruction, celle-ci avait onze ans et on ne saurait admettre que son grand-père Philippe de Coulanges et son grand-oncle Mgr Frémyot, qui n'avaient pas cessé de témoigner pour elle de la plus tendre sollicitude, se soient désintéressés jusque-là de cette question. Et il est permis de se demander si pendant ces premières années, et tout au moins à titre en quelque sorte officieux, Marie de Rabutin n'a pas compté parmi ses premiers maîtres les religieuses de la Visitation de la rue Saint-Antoine. Sans doute la jeune orpheline n'a jamais été pensionnaire de ce monastère, plusieurs lettres de la mère de Chantal et de Mgr Frémyot

---

1. « Nous lisons fort ici : La Mousse m'a prié qu'il pût lire le Tasse avec moi : je le sais fort bien parce que je l'ai très bien appris ; cela me divertit ; son latin et son bon sens le rendent un bon écolier et ma routine et les bons maîtres que j'ai eus me rendent une bonne maîtresse. » *Lettres de madame de Sévigné.* II, 251.)

montrent qu'après la mort de sa mère elle n'a jamais cessé d'habiter dans la maison de son grand-père et ensuite dans la maison de son oncle, Philippe de Coulanges, mais nous avons vu comment, en raison des nombreuses attaches existant entre la famille de Coulanges et le monastère de la rue Saint-Antoine, Marie de Rabutin devait y faire de fréquentes visites. Nous savons aussi que, dès les premières années de leur fondation, plusieurs monastères de la Visitation ont dû organiser un véritable enseignement. Cet enseignement était destiné tout d'abord aux enfants qui leur étaient confiés par certaines familles dans l'intention d'en faire de futures religieuses. Nous avons vu que la maison même de la rue Saint-Antoine en offrit dès le début plusieurs exemples, comme celui de trois sœurs de Fouquet qui y entrèrent avant l'âge de dix ans ou comme celui-ci de Marie-Madeleine de Coulanges, cousine germaine de madame de Sévigné, entrée dans ce même monastère à l'âge de quatre ans, ou encore comme celui de Marie-Thérèse Amelot, qui y entra à l'âge de neuf ans[1].

Cet enseignement était aussi destiné aux pensionnaires que certains monastères reçurent de bonne heure. C'est ainsi qu'après avoir rappelé comment la duchesse de Nemours avait confié ses filles à la maison de la rue Saint-Antoine. les Annales manuscrites de ce monastère ajoutent : « Nous avons eu aussi l'honneur d'élever dans notre monastère madame la princesse de Brunswick qui a été duchesse de Modène... Plusieurs demoiselles de la première qualité nous

---

1. *L'Année sainte de la Visitation*, IV, 315. L'usage de recevoir des enfants en très bas âge persista dans les monastères de la Visitation pendant tout le cours du xviie siècle. C'est ainsi qu'on peut lire dans une lettre circulaire du monastère de la rue Saint-Antoine du 10 janvier 1667 : « Cette communauté est restée au nombre de 11 professes de voile noir, sept de blanc... Nous n'avons que trois petites... » (Bibl. nat. Impr. L d¹⁷³₂.)

furent aussi confiées de la part de la reine. mademoiselle de
La Châtre qui a été la duchesse d'Humières, mademoiselle de
Neuillan, depuis marquise de Froulay... Nous nommerons
aussi mademoiselle Boyer qui a été la duchesse de Noailles...
Vers le même temps, madame de Miramion, si connue par
son éminente piété, fut inspirée de nous faire du bien. Elle
avait une haute estime pour notre mère Louise-Eugénie,
qu'elle consultait souvent; elle lui confia l'éducation de sa
fille unique, riche héritière, qui a été depuis madame la
présidente de Nesmond. » D'ailleurs, quel meilleur exemple
de pensionnaire de la Visitation pourrait-on citer que la
future comtesse de Grignan elle-même, que sa mère confia
aux monastères de Nantes et du faubourg Saint-Jacques à
Paris?

Si nous ne possédons aucune indication précise sur l'enseignement alors donné à la Visitation et si, comme il est
naturel, cet enseignement devait avoir un caractère surtout
religieux, on peut toutefois supposer qu'on y faisait aux
humanités et aux arts profanes une place suffisante pour
permettre aux anciennes pensionnaires de faire plus tard
bonne figure dans le monde. Nous voyons, d'autre part, que
plusieurs religieuses de la Visitation qui, comme les sœurs de
Fouquet, y étaient entrées dès l'âge le plus tendre, purent
ensuite remplir avec honneur les premiers emplois de la
congrégation. Rien d'ailleurs ne saurait mieux montrer
l'importance donnée à cet enseignement que le choix des
sœurs auxquelles il était confié. C'est ainsi, comme nous
l'avons vu, qu'au monastère de la rue Saint-Antoine ce fut
pendant longtemps, et jusqu'à l'année 1635, la mère Marie-
Madeleine de Maupeou. la tante de Fouquet, qui remplit les
fonctions de « maîtresse des petites sœurs ». C'est aussi à ce
moment, si l'on admet l'hypothèse que nous formulons ici,

que Marie de Rabutin aurait reçu ses premières leçons à ce monastère où elle aurait eu pour compagnes, un peu plus âgées, les propres sœurs de Fouquet et ce serait là, s'il en était besoin, une nouvelle explication de l'intérêt passionné que nous la verrons prendre plus tard aux malheurs du surintendant, intérêt qu'elle a exprimé en termes si vifs qu'il a pu paraître suspect à certains de ses historiens.

A partir du moment où, en 1637, le conseil de famille de mademoiselle de Chantal s'occupa d'une manière formelle de la question de son instruction, peut-on dire du moins que son oncle et nouveau tuteur Philippe de Coulanges, chargé d'exécuter les décisions du conseil de famille, fit dès lors appel à Chapelain et à Ménage pour leur confier les fonctions de précepteurs de la jeune orpheline? Ici encore, nous sommes amenés à faire plus d'une réserve sur l'opinion généralement reçue. Chapelain et Ménage étaient à ce moment des personnages trop importants pour accepter de remplir, dans les conditions ordinaires, les fonctions de précepteur et les émoluments fixés pour cela par le conseil de famille leur auraient paru sans doute plus que modestes [1]. Il est donc très vraisem-

---

1. Il convient d'ailleurs de remarquer que Chapelain, fils d'un notaire au Châtelet de Paris, a toujours montré un véritable désintéressement pour les questions d'argent. Secrétaire de Sébastien Le Hardy, marquis de La Trousse, puis précepteur de ses enfants pendant de longues années, il n'en avait reçu aucun argent comptant et s'était contenté d'une donation que celui-ci lui avait faite trois ans avant sa mort. Il écrivait à ce sujet le 25 janvier 1640 à Françoise Le Hardy de La Trousse, marquise de Flamarens : « Pour moi, vous diriez que la fortune ait pris plaisir à me persécuter, la mauvaise conduite de Berthe m'ayant fait engager dans un procès contre les héritiers de sa première femme et courir hasard de perdre douze ou treize cents écus qui est tout ce que monsieur votre père a jamais fait pour moi en récompense de mes longs travaux et des diverses assistances qu'il a reçues de moi. » (Bibl. nat. Manuscrits. Nouv. acq. fr., 1886, fol. 314.) Quant à Ménage qui, à ce moment, était déjà avocat depuis plusieurs années, on sait qu'après qu'il eut cessé d'être attaché au service du cardinal

blable que Marie de Rabutin a eu à ce moment d'autres
maîtres dont nous ignorons les noms et que c'est à eux
qu'étaient destinés les émoluments fixés par le conseil de
famille et que si Chapelain et Ménage ont pu s'occuper, non
seulement avec intérêt, mais avec passion, de l'instruction de
mademoiselle de Chantal, ce n'a sans doute été qu'à titre
bénévole. Ce qu'il convient de dire, en outre, c'est que,
comme on l'a très justement remarqué, Ménage n'est intervenu dans ce rôle qu'après Chapelain et beaucoup plus tard [1].

Plusieurs raisons expliquent comment de très bonne heure
Chapelain a pu connaître mademoiselle de Chantal. Chapelain avait d'abord été secrétaire de Sébastien Le Hardy,
marquis de La Trousse et précepteur de ses enfants. Or, le
22 décembre 1631, l'aîné, François, marquis de La Trousse,
épousait Henriette de Coulanges, tante de mademoiselle de
Chantal, et Chapelain qualifié « écuyer, gentilhomme suivant
dudit seigneur de La Trousse » signait à ce contrat à côté de
Marie de Coulanges, mère de mademoiselle de Chantal, à côté
de Philippe de Coulanges et de Marie de Bèze, son grand-
père et sa grand'mère et à côté de Philippe de Coulanges et
de Christophe de Coulanges, ses oncles [2]. L'année suivante,
le 11 janvier 1632, au mariage de Catherine Coutant avec
François Berthe, bourgeois de Paris et ami de la famille de
La Trousse, au point qu'à la mort du marquis de La Trousse,
il fut nommé tuteur de ses enfants mineurs, Chapelain était
également présent et il signait au contrat avec Philippe

de Retz, il se vanta que le prince de Conti lui aurait offert quatre mille
livres de pension qu'il aurait refusées. (Bibl. nat. Manuscrits. Fonds fr.
23252, fol. 24.)

   1. Gérard-Gailly, *L'enfance et la jeunesse heureuse de madame de Sévigné.*
(*La Minerve française*, 15 août et 1er septembre 1920.)

   2. Arch. nat. Y, 172, fol. 2 j.

de Coulanges, grand-père de Marie de Rabutin[1]. Au mois
d'avril 1633, une lettre que Chapelain adressait à Philippe
de Coulanges, dans ce style un peu solennel qui lui était
ordinaire, montre que les meilleures relations existaient
entre eux :

Monsieur, vous rendez les offices à vos serviteurs, non seulement
avec générosité, mais encore avec bonne grâce. C'est un don qui
vous est particulier et duquel il est bien plus aisé de tirer avantage
que de devenir imitateur. Je ne puis que bien espérer de la bienveillance de M. Boutillier, puisque j'y ai de si puissants intercesseurs
et n'ai garde de manquer à l'heure prescrite de me rendre à Saint-
Germain l'Auxerrois, puisqu'il vous plaît étendre votre courtoisie
jusque-là que de me favoriser de votre assistance en cette visite.
L'ordre eut voulu que je vous fusse allé prendre chez vous, mais je
tiens l'ordre que vous m'avez donné meilleur que celui de la bien-
séance, parce que seulement vous me l'avez donné. Je ne vous puis
assez bien remercier de la faveur que vous me faites; il faut la payer
par de solides effets et je ne me tiendrai jamais plus heureux que
quand vous me ferez naître occasion de m'en acquitter en cette sorte[2].

En 1634, Henriette de Coulanges étant accouchée d'un
garçon, Chapelain s'empressait de lui en adresser ses compli-

1. *Ibid.,* fol. 336.
2. Bibl. nat. Manuscrits. Nouv. acq. fr., 1885, fol. 33. La plus grande
partie des lettres de Chapelain dont une copie, venant de Sainte-Beuve,
est aujourd'hui conservée au département des manuscrits de la Bibliothèque
nationale sous les nᵒˢ 1885 à 1889 des Nouvelles acquisitions françaises, a été
publiée par M. Tamizey de Laroque dans deux volumes de la collec-
tion des Documents inédits (Paris, 1880-1883. In-4º). Toutefois, comme il
l'indique dans la Préface, celui-ci n'a publié que de brefs extraits de beaucoup de ces lettres et il en a laissé un grand nombre d'autres entièrement
inédites. Ainsi qu'on le verra dans les pages qui suivent, nous avons trouvé
dans ces deux dernières catégories de lettres un certain nombre d'indications utiles sur les relations que Chapelain a eues avec divers membres
de la famille de madame de Sévigné et sur le rôle qu'il a pu jouer dans son
instruction.

ments [1]. Lorsque le 28 septembre 1636, Agésilas-Antoine de Grossolles, marquis de Flamarens, épousa Françoise Le Hardy de La Trousse, belle-sœur de Henriette de Coulanges, nous trouvons au contrat, à côté de la signature de celle-ci, celle de Chapelain qualifié « messire Jean Chapelain, secrétaire de la chambre du roi, ami [2] ». Et lorsque le 8 juillet 1638, dans la bataille livrée près de Saint-Omer entre le maréchal de La Force et Piccolomini, le marquis de La Trousse fut tué dans une rencontre avec le général Coloredo, Chapelain en exprima sa profonde douleur à ses principaux correspondants [3].

C'est donc avant tout par l'intermédiaire de sa tante, Henriette de Coulanges, marquise de La Trousse, que mademoiselle de Chantal a pu connaître Chapelain. Or, si, comme nous l'avons dit, mademoiselle de Chantal a su se concilier les sympathies de tous ses parents, il en est peu avec lesquels elle ait eu des relations plus suivies et plus cordiales qu'avec madame de La Trousse. Pendant les premières années qui suivront son mariage, nous verrons celle-ci l'accompagner en Bretagne et faire avec elle de longs séjours au château des Rochers. Et c'est aussi elle qui pendant ce temps lira toutes les lettres adressées à sa nièce et à laquelle Bussy-Rabutin écrira : « Je vous suis certainement obligé, Madame, de l'avis que vous m'avez donné. Croyant que notre belle marquise eût lu mes lettres toute seule, je lui aurais peut-être écrit des choses que je ne voudrais pas que d'autres qu'elle vissent... votre prudence a détourné ce malheur en m'apprenant que vous lisez tout ce que je lui écris... Mais, Madame, en vous rassurant sur les lettres trop tendres, j'ai honte d'en

---

1. *Lettres de Jean Chapelain,* publiées par Ph. Tamizey de Laroque, I, 84.
2. Arch. nat. Y, 177, fol. 68.
3. *Lettres de Jean Chapelain,* I, 170.

écrire de si folles, sachant que vous les devez lire, vous qui êtes si sage et devant qui les précieuses ne font que blanchir[1]. » Et lorsqu'en 1672, madame de La Trousse mourra à Paris après une longue et douloureuse maladie, sa nièce, après avoir rendu hommage aux qualités dont elle fit preuve : « son courage, sa patience, sa résignation, tout est admirable », témoignera de sa profonde douleur, écrivant à madame de Grignan le 1er juillet 1672 : « Enfin, ma chère fille, ma tante a fini sa malheureuse vie. La pauvre femme nous a fait bien pleurer dans cette occasion et pour moi, qui suis tendre aux larmes, j'en ai beaucoup répandu. » Et le 7 juillet, elle écrira encore : « J'ai perdu depuis huit jours ma pauvre tante de La Trousse après une maladie de sept mois. Je l'aimais et honorais parfaitement[2]. »

Il convient d'ajouter que les relations que pendant sa jeunesse mademoiselle de Chantal a eues avec sa tante la marquise de La Trousse ont pu être d'autant plus faciles que l'hôtel de La Trousse, à Paris, était situé Place Royale, à quelques pas de l'hôtel de Coulanges et que, lorsque madame de La Trousse allait passer l'été à son beau château de La Trousse, près de Lizy-sur-Ourcq, mademoiselle de Chantal y allait avec son oncle et tuteur Philippe de Coulanges. Nous savons, en effet, par les Mémoires de Philippe-Emmanuel de Coulanges, fils de ce dernier, que les meilleures relations existaient entre les deux familles et il nous apprend comment, au retour de son voyage d'Italie en 1658, il ne trouva pas son père à Paris, celui-ci étant alors au château de La Trousse : « J'arrivai à Paris le mercredi 23 octobre 1658 et je vins descendre en la maison paternelle, rue des Francs-Bourgeois, mais je ne fus pas assez heureux pour y trouver mon père, il était à la

1. *Lettres de madame de Sévigné*, I, 387.
2. *Ibid.*, II, 333; III, 130, 139.

campagne chez la marquise de La Trousse, ma tante[1]. » Si le
château de La Trousse n'a pas eu dans l'existence de mademoiselle de Chantal la même importance que Sucy, il serait
pourtant injuste de ne pas en faire mention, car là aussi
elle a passé une partie de sa belle jeunesse. Le château de La
Trousse était d'ailleurs d'aspect beaucoup plus imposant que
l'agréable maison de campagne que Philippe de Coulanges
s'était fait construire à Sucy. Dans les lettres patentes du mois
d'août 1651 qui consacrèrent l'érection en marquisat de la
terre de La Trousse, il est dit que « de laquelle terre le château
est fort considérable en ses bâtiments richement construits et
même de grandeur capable de loger commodément et avec
sûreté notre propre personne, étant ceint de grands fossés
revêtus et bien flanqués, accompagnés de cour, anti-cour et
basse-cour pareillement bien bâties et embellies de jardins[2] ».
Et le château de La Trousse était aussi pour Chapelain un lieu
de séjour familier. Lorsque, le 23 septembre 1637, il faisait
connaître à madame de La Trousse son regret de ne pouvoir
aller cette année-là à La Trousse, il s'en excusait comme d'un
fait en quelque sorte insolite : « Si j'étais capable de consolation dans la nouvelle et incomparable perte que j'ai faite en
la personne de madame la duchesse de Longueville, je vous
avoue que je l'aurais prise dans la lettre qu'il vous a plu
m'écrire... Je reçois comme je dois les offres que vous me faites
de votre belle maison pour divertir ma tristesse. Mais, outre
qu'il n'y a point d'apparence de vous aller porter mon visage
sombre et ma mauvaise humeur, mes affaires, qui croissent
dans mon malheur, ne me permettent pas d'entreprendre ce
voyage et pour cette année vous délivrent de l'importunité

<hr>

1. Bibl. nat. Manuscrits. Fonds fr., 8994, fol. 47.
2. Bibl. nat. Pièces orig., vol. 1482, n° 178.

que je vous eusse donnée sans toutes ces fâcheuses rencontres [1]. »

Alors que tant d'occasions de rencontres se sont présentées
entre Chapelain et mademoiselle de Chantal, il semble qu'on
en pourrait conclure qu'il est intervenu de très bonne heure
pour jouer un rôle dans son éducation. On est toutefois
surpris que dans les nombreuses lettres de lui dont des copies
nous ont été conservées pour la période comprise entre les
années 1633 et 1640 il ne se trouve pas une seule mention de
la jeune orpheline et le fait peut sembler d'autant plus étrange
qu'un grand nombre de ces lettres sont adressées à divers
membres de la famille de La Trousse (on ne compte pas pour
la seule année 1640 moins de 21 lettres adressées à la marquise
de Flamarens) et qu'elles contiennent de fréquentes mentions
relatives, non seulement à divers membres de cette famille,
mais aussi à diverses personnes avec lesquelles cette famille
était en relation [2]. Certaines lettres de Chapelain semblent
fournir de ce silence une explication assez plausible. A la
suite de la mort de son beau-père, Sébastien Le Hardy, marquis
de La Trousse, des différends de diverse nature paraissent
s'être élevés entre madame de La Trousse et sa belle-sœur, la
marquise de Flamarens et, comme il est naturel, Chapelain

1. Bibl. nat. Manuscrits. Nouv. acq. fr., 1885, fol. 209.

2. C'est ainsi que Chapelain écrivait à madame de Flamarens à la date du
25 mars 1639 à l'occasion de la mort d'Antoine de Coulanges, sieur de
Richefons, frère de madame de La Trousse et oncle de mademoiselle de
Chantal : « M. de Richefons s'est battu pour la seconde fois contre M. de
Comminges et à cette seconde a été blessé de deux coups mortels qui pourtant lui ont laissé quatre jours de temps pour se reconnaître et demander
pardon à Dieu de ses fautes. C'était une querelle irréconciliable et qui ne
pouvait se terminer que par la mort de l'un des deux. Je pense que vous
devez témoigner à madame de La Trousse votre déplaisir en cette occasion
et prier monsieur votre mari d'accompagner votre lettre de l'une des
siennes. » (*Lettres de Jean Chapelain*, I, 405.)

paraît d'abord avoir donné raison à son ancienne élève. Il écrivait à celle-ci le 10 juin 1639 :

Madame, je n'ai eu garde de douter jamais que vous n'eussiez raison dans les plaintes que madame de La Trousse me fit de la lettre qu'elle avait reçue de vous, puisque je vous connais au point que je fais et que je n'ignore pas l'humeur de cette personne dont vous savez que j'ai moi-même éprouvé des effets assez malplaisants. Mais, lorsque je vous en ai donné avis et qu'en même temps je vous ai conseillé de prendre soin, en lui écrivant, de lui ôter les occasions de se cabrer, je ne l'ai pas considérée ni le tort qu'elle avait, j'ai considéré seulement vos intérêts et vos affaires... J'ai pensé que si elle se croyait, par fantaisie à quoi elle est sujette, méprisée de vous, non seulement elle ne prendrait pas sa part du soin de vos affaires de deçà, mais encore formerait des difficultés sur celles que vous avez ensemble qui vous embarrasseraient et vous en donneraient de nouvelles. Elle est d'humeur jalouse et de longue main elle croit que votre affection est morte pour elle. Elle croit cependant que la nourriture que vous avez eue avec elle et votre mariage qui s'est fait chez elle [1] vous obligent à avoir quelque déférence pour ce qu'elle fait ou dit et toutes les fois qu'il lui semble qu'on s'affranchit de l'empire qu'elle prétend sur les personnes ou que son intérêt se retarde tant soit peu, elle s'emporte et n'est pas raisonnable [2].

Un peu plus tard, il est vrai, Chapelain sembla revenir de certaines de ses préventions contre madame de La Trousse et la jugea plus équitablement. Il écrivait à la marquise de Flamarens le 8 septembre 1639 : « Madame de La Trousse, devant que de partir pour La Trousse, m'a vu et je l'ai trouvée fort satisfaite de vous et de monsieur votre mari [3]. » Et il lui écri-

---

1. Le contrat de mariage de Françoise Le Hardy de La Trousse avec le marquis de Flamareus, du 28 septembre 1636, porte en effet cette mention : « Fait et passé en l'hôtel dudit seigneur de La Trousse sis place Royale. » (Arch. nat. Y, 177, fol. 68.)

2. Bibl. nat. Manuscrits. Nouv. acq. fr., 1886, fol. 112.

3. Bibl. nat. Manuscrits. Nouv. acq. fr., 1886, fol. 201.

vait encore à la date du 23 janvier 1640 : « Madame, je répondis
à vos dernières lettres, il y a environ quinze jours... Depuis,
madame la marquise de La Trousse, m'est venue voir et m'a
priée de vous faire tenir les deux lettres que vous trouverez
dans ce paquet. Nous parlâmes extrèmement de vous et de M. le
marquis votre mari et elle me témoigna beaucoup d'affection
pour l'un et pour l'autre. » — Il n'en est pas moins vrai qu'il
y eut pendant un certain temps entre Chapelain et madame de
La Trousse des relations assez tendues dont mademoiselle de
Chantal put être la première à souffrir et c'est surtout sans
doute par son propre mérite plus que par les recommandations
de sa tante qu'elle sut s'imposer à l'attention de Chapelain.
Et c'est aussi ce qui permet de supposer que ce n'est guère
qu'à partir de l'année 1640 environ et jusqu'au moment de
son mariage qu'elle a pu recevoir ses leçons sans qu'on
puisse, par suite de la lacune existant dans la partie de la
correspondance de Chapelain qui nous a été conservée, avoir
des renseignements précis sur ce point[1]. Quoi qu'il en soit, dès
les premières années qui suivront son mariage, nous trouverons Chapelain introduit dans son intimité et Olivier
Le Fèvre d'Ormesson écrira dans son Journal au mois de
décembre 1646 : « Ce vendredi 28 décembre je pris méde-
cine et le samedi je fus avec toute la famille dîner chez
M. de Sévigné où était M. Chapelain[2]. »

Quant aux matières qui furent l'objet de cet enseignement,
si nous n'avons à cet égard aucun renseignement précis,
il y a lieu de penser qu'il porta surtout sur le latin et

---

1. On sait, en effet, que le recueil de copies des lettres de Chapelain
existant au Département des manuscrits de la Bibliothèque nationale, sous
les numéros 1885 à 1889 des Nouvelles acquisitions françaises, ne comprend
pas les années 1641 à 1658.

2. Journal d'Olivier Le Fèvre d'Ormesson. Bibl. de Rouen. Manuscrits.
Fonds Leber, 5767, fol. 87.

l'italien et que madame de Sévigné, lorsqu'elle écrira plus
tard qu'elle a eu de bons maîtres pour l'italien. entendait
surtout parler de Chapelain; on pourrait d'ailleurs en trouver
une preuve dans leur commune admiration pour Le Tasse
et dans les jugements quasi identiques qu'ils en ont portés.
« Nous achevons Le Tasse avec plaisir, écrira madame de
Sévigné à sa fille le 12 juillet 1671. nous y trouvons des
beautés. qu'on ne voit point quand on n'a qu'une demie
science[1] », et Chapelain dira de son côté : « Le Tasse est le
plus grand poète de tous les siècles après Virgile, soit pour la
diction. soit pour le jugement. Il a aimé des ornements que
Virgile eut rejetés. mais ça été pour s'accommoder au goût de
son temps et de sa nation[2]. »

Non content d'aider son élève dans l'étude des langues,
Chapelain s'avisa-t-il de lui enseigner l'art d'écrire? Il con-
viendrait, dans ce cas. de rappeler les préceptes qu'il donnait
vers le même temps. dans une lettre du 25 juillet 1639, au
chevalier de La Trousse auquel il avait conseillé de tenir un
journal des principaux faits dont il aurait connaissance au
cours de ses campagnes :

Pour ce qui est de la curiosité des nouvelles que je vous ai con-
seillée et qui paraît être une chose indifférente dans un âge plus
avancé, croyez-moi que c'est une chose louable dans le vôtre qui
s'abandonne à des divertissements brutaux et a peu de sentiments
pour le bien et l'honneur de la patrie. Elle sert de plus à former

1. *Lettres de madame de Sévigné.* II, 276.
2. *Lettres de Jean Chapelain*, I, 688. Plus de vingt ans après, Chapelain
discutait encore avec madame de Sévigné des beautés et des défauts du
Tasse. Il lui écrivait le 15 novembre 1663 : « Je vous l'ai dit, madame, il y
a plus d'un an, et je vous le dis encore à cette heure, que dans ces quatre
derniers vers de la Jérusalem) du miroir d'Armide. le Tasse, à force de
vouloir être aigu, s'est émoussé et est tombé dans un franc galimatias qui
ne lui fait pas tout l'honneur du monde. *Ibid.*, II, 337.»

l'esprit et le dispose à bien juger des affaires, rend l'homme capable
d'agir et lui fournit matière d'entretien pour soi et pour les autres.
Ce n'est pas que pour ce dernier il faille indifféremment dire ou
écrire toutes les nouvelles qu'on apprend, mais il n'y a point de
péril à les entendre et à en faire son profit. Vous ferez bien de continuer vos journaux. Cela se fait sans peine et au bout du temps on
trouve un volume achevé qui sert de mémoire des choses que l'on a
vues et apprises. Prenez soin, si vous m'en croyez, de les écrire le
plus dans les termes de l'art que vous pourrez, comme aussi vos
lettres qu'il faut travailler un peu d'abord, afin qu'après on les fasse
bien avec plus de facilité [1].

Mais Chapelain n'était pas seulement un humaniste. Le
souci du bien public et l'amour de ses semblables l'animaient
tout autant que le culte des belles-lettres ; il prodiguait volontiers ses conseils sur les sujets les plus variés, même quand
on ne les lui demandait pas. « Si je vous parle avec peu
de lumière, écrivait-il à madame de Flamarens le 2 mai 1639,
je vous parle au moins avec beaucoup de sincérité et de désir
de vous voir heureuse [2]. » Il put être d'autant plus naturellement porté à faire bénéficier de ses conseils mademoiselle
de Chantal que sa qualité d'orpheline l'y autorisait davantage.
Il fut sans doute sur ce point l'auxiliaire le plus précieux de
l'abbé de Coulanges et lorsqu'on verra plus tard la sagesse
avec laquelle la future marquise de Sévigné administrera ses
revenus et les prodiges d'économie par lesquels elle s'efforcera
de maintenir une fortune gravement compromise par les
prodigalités de son mari, de son gendre et de sa fille, on ne
peut s'empêcher de songer aux recommandations que Chapelain
adressait dans une situation analogue à madame de Flamarens et à son mari. Il écrivait à madame de Flamarens le

1. Bibl. nat. Manuscrits. Nouv. acq. fr., 1886, fol. 152.
2. Bibl. nat. Manuscrits. Nouv. acq. fr., 1886, fol. 91.

7 avril 1639 : « Croyez-moi qu'une dame de votre condition
et de votre âge se fait grand honneur quand elle s'emploie
sérieusement à ses intérêts et qu'elle se fait grand tort quand
elle les néglige [1]. » Et il lui écrivait encore le 25 janvier 1640 :
« C'est la vraie occupation d'une personne que Dieu a appelée
au mariage de mettre tout son esprit et tous ses soins à la
conservation et à l'accroissement de son bien pour ce que,
sans une subsistance bien fondée, il n'y a ni noblesse ni
grandeur qui ne tombe par terre [2]. »

Si, à défaut de documents directs, la vie et la correspondance de Chapelain permettent de se rendre un compte assez
exact des conditions dans lesquelles il a pu être amené à
s'occuper de l'instruction de Marie de Rabutin, nous n'avons,
par contre, aucune indication précise sur le rôle joué par
Ménage à cet égard. On a dit qu'il avait été mis en rapport avec
mademoiselle de Chantal par la famille de Retz, mais, s'il
faut en croire Tallemant des Réaux [3], c'est par Chapelain que
Ménage lui-même aurait été mis en rapport avec cette famille.
Il est donc beaucoup plus vraisemblable de supposer que c'est
aussi par Chapelain et sans autre intermédiaire et à l'occasion
d'études et de préoccupations communes que Ménage a connu
mademoiselle de Chantal. Mais, dans ce cas, on ne saurait
placer le début de ces relations qu'en 1640 au plus tôt. Ce
n'est, en effet, qu'au mois de juin 1639 que Chapelain vit
Ménage pour la première fois [4]. Le 20 janvier 1640, dans
une lettre à Balzac, il parle d'un long voyage et d'une longue
maladie de Ménage et il faut croire qu'à ce moment celui-ci
n'était pas encore définitivement fixé à Paris puisque, dans

1. *Ibid.*, fol. 76.
2. *Ibid.*, fol. 314.
3. Tallemant des Réaux, *Historiettes*, VII, art. Ménage.
4. *Lettres de Jean Chapelain*, I, 148.

cette même lettre, il le qualifie d'Angevin [1]. Quelques mois
plus tard Ménage habite Paris, il est vrai, mais « il va tous
les jours au Palais [2] ». — En outre, pendant un certain temps,
Chapelain et Balzac, un peu effrayés par le penchant immo-
déré de Ménage pour la satire, penchant qu'il ne cherchait
d'ailleurs nullement à dissimuler, ne paraissent avoir répondu
qu'assez froidement à ses avances. Balzac avait écrit à Chapelain
à ce sujet en septembre 1639 : « Quelque inclinaison qu'il
ait à la médisance, je ne laisserai pas de le trouver gentil
garçon et même galant homme. Que si je ne l'aime pas de
cette amitié sainte et sacrée que j'ai pour vous, j'aurai une
passion pour lui qui ne m'incommodera point et dont il
demeurera assez satisfait. Je le mettrai au nombre des char-
latans, violons, parfumeurs, faiseurs de ragoûts et de tous ces
artisans de volupté qui sont *virtuosi* en Italie et comme vous
savez : *Delectant, Capellane, non amantur* [3]. »

Et quelques jours plus tard, le 25 septembre 1639, Chapelain répondait à Balzac : « Monsieur, ça été une belle tirade
que celle que vous avez faite dans la lettre que je viens de
recevoir sur ce que je vous avais mandé de notre ami, monsieur M[esnage]. Avec cela je pense qu'il ne se faut engager
d'amitié avec lui que de bonne sorte, c'est-à-dire de celle que
vous me marquez si agréablement pour ce que je n'y vois
point de sûreté pour les naïves bontés comme les nôtres et
qu'il n'y a point de plaisir de s'offrir pour marotte volontairement à cette race de Bouchards, de Costards, de M[esnage]
et autres joviaux de cette nature, desquels je tiens comme vous
qu'il suffit de faire ses comédiens, sans être le sujet de leurs

1. *Ibid.*, I, 560.
2. Chapelain à Balzac, 8 juillet 1640 (*Ibid.*, I, 659).
3. *Ibid.*, I, 498.

farces [1]. » Ce n'est que le 2 septembre 1640 qu'on trouve sous la plume de Chapelain, dans une lettre à Balzac, un éloge à peu près sans réserve de Ménage : « C'est en vérité un très galant homme et peu digne des mauvais offices qu'on lui avait faits auprès de moi. Il a beaucoup de savoir et le feu de son esprit est capable d'en allumer d'autres. Il imagine aigu et repart de même si toutefois certaines réponses ingénieuses qu'il m'a récitées lui sont venues sur le champ et non pas après coup. Il confesse ingénument qu'il a l'humeur satirique et qu'il s'empêche malaisément de dire un mot qu'il croit bon [2]. »

Quant aux principales matières sur lesquelles porta l'enseignement de Ménage dans ses entretiens avec mademoiselle de Chantal, elles furent sans doute à peu près les mêmes que pour Chapelain, c'est-à-dire, la poésie et l'étude des langues et en ce qui concerne spécialement l'italien, on ne saurait manquer de rappeler ici ce qu'elle écrivait à Ménage le 12 septembre 1656 : « Ne savez-vous pas bien que je suis une écolière qui n'entends rien à la beauté des vers italiens [3]. »

Mais ce qu'il convient surtout de dire, c'est que si Marie de Rabutin eut besoin de maîtres pour un certain nombre de notions indispensables, elle trouva en elle-même les meilleurs éléments de sa formation. La très grande liberté qui lui était laissée dans la maison de son oncle et tuteur, Philippe de Coulanges, et qui avait un moment inquiété la mère de Chantal, le goût très vif qu'elle a toujours montré pour la lecture, la libre disposition qu'elle put avoir de la riche bibliothèque de son grand-oncle Mgr Frémyot et ensuite de celles de Chapelain et de Ménage ont sans doute contribué plus que tout le reste à développer en elle les merveilleux

1. *Lettres de Jean Chapelain*, I, 498.
2. *Ibid.*, 676.
3. *Lettres de madame de Sévigné*, I, 415.

dons de la nature. Et, en raison même de l'âge auquel elle a
pu profiter des conseils et des enseignements de Chapelain et
de Ménage, c'est plus à titre d'amis que de maîtres qu'ils ont
pu jouer un rôle dans son instruction. On sait d'ailleurs comment cette amitié ne s'est jamais démentie depuis et comment
Ménage sera qualifié par elle « l'ami des amis le meilleur ».
On sait aussi comment elle s'entendait à mettre fin à ses déclarations quand il s'efforçait de donner à cette amitié une forme
plus tendre et nous n'avons pas à rappeler ici les anecdotes
trop connues rapportées par Tallemant des Réaux, soit de
madame de Sévigné donnant un baiser à Ménage en présence
de plusieurs personnes qui s'en étonnaient et leur disant :
« C'est comme cela qu'on baisait dans la primitive église » ou
encore de Ménage lui disant : « Je suis votre martyre » et elle
lui répondant : « Et moi votre vierge. » Quant à Chapelain,
s'il sut se garder d'un pareil ridicule, on ne saurait oublier
l'ardeur avec laquelle il se porta au secours de son ancienne
élève quand la découverte de plusieurs lettres d'elle dans la
cassette de Fouquet put faire craindre un moment pour sa
réputation et avec quelle émotion il écrivit à ce sujet à madame
de La Trousse : « Quant à votre chère nièce et ma délicieuse
amie, vous pouvez penser si je suis son champion dans cette
abominable occasion où on la comprend parmi de beaucoup
moins vertueuses personnes qu'elle [1]. » L'histoire a depuis
longtemps fait justice des fausses préventions dont il craignait
le contre-coup pour sa « délicieuse amie », mais Chapelain
n'eut-il écrit que ces deux mots qui définissent si heureusement le charme incomparable de son ancienne élève, il lui
serait beaucoup pardonné.

1. *Lettres de Jean Chapelain*, II, 154.

IX

MADEMOISELLE DE CHANTAL A SUCY

Si à Paris mademoiselle de Chantal recevait les leçons de
Chapelain et de Ménage ou les pieuses exhortations des religieuses de la Visitation. c'est à Sucy qu'elle pouvait librement
prendre ses ébats dans la belle maison de campagne que son
grand-père et son oncle s'étaient plu à parer et à embellir.
Tout a été dit sur les sentiments profonds qu'ont inspirés à
madame de Sévigné les bois de Livry, des Rochers ou du
Buron et sur la grâce avec laquelle elle les a exprimés, mais
ce que l'on a peut-être trop oublié, c'est que c'est à Sucy
qu'elle a d'abord pris contact avec la nature sous ses aspects
les plus séduisants.

Depuis les temps les plus anciens. en effet. les agréments
de Sucy ont été célébrés en vers et en prose. En 1712, l'abbé
de Villiers. prieur de Saint-Taurin, ami et commensal du président Lambert de Thorigny, seigneur en partie de Sucy,
publiait un long poème *Sur le séjour de Sucy dont Paris est
le point de vue* et dans lequel on peut lire :

> Quand pourrai-je. sage et tranquille,
> En ces lieux fixer mon séjour.

Loin du tumulte de la ville,
Loin des embarras de la Cour.
De Paris la vaste étendue
Ici de loin offre à la vue
Un spectacle toujours charmant.
Que ce coup d'œil est agréable,
Que d'ici Paris est aimable,
Qu'il est beau dans l'éloignement.

Ici l'astre qui nous éclaire
Brille dans toute sa beauté
Et toujours d'un air salutaire
Nous respirons la pureté.
Ici, toujours prêt et facile,
D'une promenade tranquille
Nous avons l'aimable secours [1].

Mais, pour mademoiselle de Chantal, Sucy n'avait pas seulement le charme d'un bon air et de belles promenades, elle y trouvait aussi les compagnies les plus agréables, et tout d'abord, en outre de l'aimable famille de son oncle et tuteur Philippe de Coulanges, le voisinage de la famille Le Fèvre d'Ormesson et notamment d'Olivier Le Fèvre d'Ormesson et de sa femme Marie de Fourcy. Si, en effet, André Le Fèvre d'Ormesson, père d'Olivier et de madame de Coulanges, continuait d'habiter dans l'antique demeure de la famille, à Ormesson, près de Saint-Denis, c'est au château d'Amboile, situé à quelques kilomètres de Sucy et qui depuis a été lui-

----

1. Ce poème qui n'est guère qu'une longue satire contre les embarras et la corruption des villes fut ensuite traduit en vers latins par Michel Godeau, ancien recteur de l'Université et curé de Saint-Cosme, sous le titre *Rus suciacum* et également dédié par lui au président Nicolas Lambert de Thorigny.

même dénommé Ormesson, qu'Olivier Le Fèvre d'Ormesson avait fixé sa résidence depuis son mariage. De fréquentes mentions de son Journal attestent l'intimité de ses relations avec la famille de Coulanges et nous le montrent profitant de tous les loisirs que lui laissaient ses fonctions de conseiller au Parlement de Paris et ensuite de maître des requêtes pour aller, soit à Amboile, soit à Sucy, ou chez quelques autres voisins de campagne. comme les Masparault, dont l'un Gabriel, sieur de Grandval, était alors conseiller du roi en son grand conseil et dont l'autre Florent. sieur de Chennevières, était conseiller au Parlement de Paris [1]. C'est ainsi qu'il écrit dans son Journal en septembre 1643 : « Le vendredi 25 septembre, après dîner, je fus à Amboile avec ma femme. Nous fûmes dîner le dimanche à Sucy et monsieur de Coulanges et ma sœur nous vinrent voir le mardi. Ils admirèrent notre beau fruit. Le mercredi, madame de Fourcy avec sa famille vint nous voir, y passer le jeudi et en partit le vendredi pour Paris. Le samedi nous revînmes et sûmes que ma sœur était accouchée d'un garçon, qu'il avait été tenu sur les fonts par mon père et mademoiselle de Chantal. Elle en était accouchée heureusement, après être partie de Sucy après les premières douleurs [2]. » Il écrit de même en juillet 1644 : « Le samedi 2 juillet... le soir je retournai à Amboile. J'y passai le dimanche 3 juillet où les joueurs de paume de Sucy vinrent jouer et s'en retournèrent sans nous gagner. Le lundi matin 4 juillet, je fus visiter M. de Masparault à Chennevières et le soir je revins à Paris [3]. »

Nous n'avons pas à rappeler ici le magistrat éclairé et l'homme de bien que fut Olivier Le Fèvre d'Ormesson et

1. Bibl. nat. Manuscrits. Pièces orig. 1882, art. Masparault.
2. *Journal d'Olivier Le Fèvre d'Ormesson*, II, 880.
3. *Ibid.*, I, 193.

comment l'indépendance dont il fit preuve dans le jugement
de Fouquet lui valut une disgrâce définitive. Rien d'ailleurs
ne saurait mieux montrer la beauté de son âme que certains
traits de son Journal. Au mois de février 1644 il avait été
chargé d'instruire une affaire de faux pour laquelle l'inculpé
devait être présenté à la question. Il écrit à ce sujet : « Le
lundi 8 février, je fus au For-l'Évêque pour une fausse ordonnance... Je fus commis pour l'exécution. Je souffris beaucoup
en mon humeur d'être obligé d'user de sévérité et de voir les
apprêts de la question, quoique je susse qu'elle ne serait pas
donnée [1]. » On sait quelle place il tiendra désormais et jusqu'à
sa mort dans l'histoire de mademoiselle de Chantal, devenue
marquise de Sévigné, et nous aurons souvent l'occasion de
recourir de nouveau à son Journal pour rappeler la part qu'il
prit aux négociations du mariage de mademoiselle de Chantal
avec M. de Sévigné et plus tard aux procès de son mari, de
même que les confidences qu'il prodigua à madame de Sévigné
au moment du procès de Fouquet et grâce auxquelles elle
put être tenue au courant, presque jour par jour, des incidents de la procédure.

Sur les séjours de mademoiselle de Chantal à Sucy avant
son mariage, nous avons d'ailleurs un autre témoignage non
moins précieux dans les Mémoires de madame de La Guette.
Dans ses récits, en effet, madame de La Guette ne s'est pas
contentée de raconter avec des détails aussi abondants que
pittoresques sa propre histoire, son enlèvement de la maison
paternelle par M. de La Guette, son mariage clandestin, bientôt
suivi d'ailleurs de sa réconciliation avec son père, ainsi
que ses équipées aventureuses à travers la plus grande
partie de la France au beau milieu des troubles de la Fronde,

1. *Journal d'Olivier Le Fèvre d'Ormesson*, I, 150.

elle nous a aussi laissé ses impressions sur les personnes avec lesquelles elle eut des relations de voisinage à Sucy. Née à Mandres le 20 février 1613, Catherine Meurdrac vint résider à Sucy après son mariage avec M. de La Guette en 1635 et c'est à cette date que se rapporte la première mention qu'elle a consacrée dans ses Mémoires à ses relations de voisinage : « Mon chagrin étant un peu passé, je commençai à rendre visite à trois dames de qualité qui venaient tous les étés prendre l'air dans leurs belles maisons. L'une s'appelait madame Molé [1], la seconde madame de Coulanges et l'autre madame de Masparault, toutes trois fort connues par leur naissance et par leur rare mérite. Ces dames, d'une vertu consommée, me prirent en affection parce que ma manière de vivre ne leur déplaisait pas. Comme j'étais jeune, leur bon exemple me fut fort avantageux et je peux dire que je fus très heureuse de tomber entre leurs mains au sortir de celles de ma mère, parce qu'il y avait beaucoup à profiter à leur conversation [2]. » Et, après avoir raconté comment, à la suite de l'intervention de la duchesse d'Angoulème, elle finit par se réconcilier avec son père, elle ajoute : « Je voyais toujours mes bonnes amies, particulièrement madame Molé et mesdemoiselles ses filles qui s'étaient faites grandes, belles et sages. Elles étaient auprès de madame leur grand'mère qui était un exemplaire

---

1. Jean Molé, seigneur de Juzanvigny, fils de Mathieu Molé, procureur général au Parlement de Paris, puis premier Président et garde des sceaux, avait épousé, au mois de février 1628, sa cousine germaine, Jeanne-Gabrielle Molé. Le 2 octobre 1629, sa tante, Madeleine Molé, veuve de Denis du Mesnil, président aux enquêtes du Parlement, lui avait fait don de sa terre et seigneurie de Sucy-en-Brie, y compris un petit fief appelé le fief de l'Hôpital et elle confirma cette donation par un acte du 5 avril 1636 (Arch. nat. Y, 168, fol. 162 et Y, 176, fol. 40).

2. *Mémoires de madame de La Guette*, nouvelle édition, par M. Moreau, p. 35.

de vertu. L'une a été la marquise de Flamanville et l'autre
la marquise d'Hocquincourt, toutes deux admirables par
leur belle et sage conduite. Madame de Coulanges avait auprès
d'elle mademoiselle de Chantal qui était une beauté à attirer
tous les cœurs. Elle a été depuis madame la marquise de
Sévigny que tout le monde connaît par le brillant de son esprit
et par son enjouement. C'est une dame qui n'a point de plus
grand plaisir que quand elle peut obliger quelqu'un, étant la
générosité même[1]. »

1. *Mémoires de madame de La Guette*, p. 49. — La plus grande partie des
terres et maisons de Sucy-en-Brie relevant alors du chapitre de Notre-Dame
de Paris, c'est dans les archives de ce chapitre, aujourd'hui conservées aux
Archives nationales, qu'on peut trouver de nombreux détails sur la présence
et les possessions de madame de La Guette et de son mari à Sucy. Leur
maison est ainsi décrite dans une déclaration faite le 8 mars 1648 par
M. de La Guette pour le terrier du chapitre de Notre-Dame : « Jean Mariot,
écuyer, sieur de La Guette, capitaine d'une compagnie de cent hommes
d'armes du régiment de Monsieur de Marsin entretenue pour le service du
roy, demeurant à Sucy-en-Brie, lequel volontairement reconnaît et confesse
avoir et déclare qu'il est à présent détenteur, propriétaire et possesseur
des héritages ci-après déclarés : un grand corps de logis contenant six
travées de fond en comble, sur l'une desquelles travées y ayant un petit
pavillon couvert d'ardoise, cour, grange en icelle, et volet à pigeons sur le
portail de ladite grange, puits en icelle cour et jardin derrière, contenant
tout et circuit d'icelles cinq quartiers ou environ, porte cochère pour entrer
esdits lieux, le tout comme ils se poursuivent et comportent assis audit
Sucy sur la rue du Puits du Ré... » Par cette même déclaration, Jean Mariot
reconnaissait posséder, en outre, trente-neuf parcelles de terre ou vignes
sises audit Sucy (Arch. nat. S, 818, n° 202) — Le 3 août 1650, le chapitre
de Notre-Dame de Paris donnait à bail à cens à monsieur et à madame de
La Guette cent vingt arpents de bruyères sis à Sucy au lieu dit les Brulés à
la charge par eux de « les mettre en labour au plus tôt que faire se pourra
et les entretenir à l'avenir » (Arch. nat. S, 393). — M. de La Guette étant
mort en 1665, sa maison est ainsi mentionnée dans un papier censier du
chapitre de Notre-Dame pour Sucy de l'année 1673 : « Catherine Meurdrac,
veuve de feu Jean Mariot, sieur de La Guette, doit pour sa maison, lieux,
bâtiments, cour et jardin, au lieu de feu M. Thibeuf, seigneur de Bouville,
cinq sols cinq deniers de cens » (Arch. nat. S, 395-396). Cette maison,
achetée par le président Lambert de Thorigny et ensuite vendue par
lui à M. de La Live d'Épinay, figure encore dans deux déclarations faites au

Dans les lettres de mademoiselle de Chantal, devenue marquise de Sévigné, nous trouvons d'ailleurs une pleine confirmation de ces souvenirs de madame de La Guette. Elle écrit à madame de Grignan le 8 avril 1671 : « Une madame de La Guette, qui m'a donné la nourrice, me prie de savoir de monsieur le cardinal de Grimaldi s'il voudrait souffrir à Aix la fondation des filles de la Croix qui instruisent des jeunes filles et dont on reçoit en plusieurs villes une fort grande utilité. N'oubliez pas de répondre à ceci. » Et le 15 avril elle lui écrit encore : « Je vous prie, si vous entrez aux Bénédictines, d'y demander une fille de M. de La Guette. Sa mère est fort de mes anciennes connaissances. Faites-en assez pour qu'elle lui mande. » Et madame de Grignan s'acquitta de la commission et paraît avoir été ravie de cette rencontre avec la fille de l'ancienne amie de sa mère comme on peut le voir par une lettre de madame de Sévigné du 28 juin : « Mademoiselle du Plessis est toute telle que vous la représentez... Sa belle-sœur est fort jolie et n'est ridicule en rien et parle gascon au milieu de la Bretagne ; j'en ai la même joie que vous avez de ma La Guette qui parle parisien au milieu de la Provence[1]. »

En outre des maisons de mesdames Molé, de Masparault et de La Guette, Sucy comptait alors plusieurs autres maisons de plaisance dont mademoiselle de Chantal n'a pu ignorer les possesseurs. C'est ainsi notamment que la maison et fief de la Haute-Maison situés dans la rue du Temple, à quelques

chapitre de Notre-Dame par MM. de La Live père et fils en 1722 et 1774 (Arch. nat. S. 391, 821 et 824). Elle servait alors d'auberge et portait comme enseigne l'*Ange Gabriel*. Cette maison, sise rue du Temple ou rue du Puits-du-Ré, n'existe plus aujourd'hui et son emplacement correspond assez exactement à l'emplacement de la maison portant actuellement le n° 5 de la rue du Temple à Sucy.

1. *Lettres de madame de Sévigné*, II, 153, 169, 269.

mètres de la maison de madame de La Guette, étaient alors possédés par madame de Clermont, femme de Henry de Balzac de Clermont d'Entraigues. On sait la place que madame de Clermont et ses deux filles tiennent dans la correspondance de Chapelain et dans l'histoire des Précieuses. L'une de ses filles épousa Marsin en 1651 et il n'est pas inutile de rappeler que madame de La Guette se vante dans ses Mémoires d'avoir fait ce mariage.

Dans cette même rue du Temple ou rue du Puits-du-Ré, à côté de la maison de madame de La Guette et en face de la Haute-Maison, Jean-Baptiste Lambert, premier commis de M. de Bullion, surintendant des finances, puis de Gaspard de Fieubet, trésorier de l'épargne. avait acheté en 1640 le fief de Saint-Maur ou de Sucy et fait construire le château qui existe encore. A sa mort, en 1644, ce domaine passa à son frère. Nicolas Lambert, seigneur de Thorigny, président à la Chambre des Comptes. qui s'occupa de l'agrandir. Les longs démêlés que les deux frères eurent successivement à cette occasion avec le chapitre de Notre-Dame de Paris et avec les habitants de Sucy, et qui remplirent la chronique de Sucy pendant de longues années, ne purent être ignorés de mademoiselle de Chantal et sans doute on porta dans son entourage sur ces voisins nouvellement enrichis et de procédés parfois discourtois, le jugement qu'Olivier Le Fèvre d'Ormesson a formulé dans son Journal, à la date du 28 décembre 1644, à l'occasion de la mort de Jean-Baptiste Lambert : « L'on ne parlait que des richesses qu'avaient laissées M. Lambert qui, n'ayant été que commis de l'épargne, était mort riche de 4 800 000 livres. L'on se plaignait que M. le Procureur général n'eût pas fait saisir [ses biens] pour subvenir aux 12 millions que le roi demandait ; que Messieurs des finances ne l'avaient fait, mais l'on me dit que l'on avait vu pour 100 000 francs de pierreries que l'on dis-

tribuait qui avaient arrêté toutes les saisies, et la même personne
me disait la corruption être si grande que chez la reine et
partout ailleurs tout se faisait par de l'argent [1]. »

Quant aux procédés de Jean-Baptiste Lambert à Sucy, un
fait permettra d'en juger. Pour agrandir son domaine, il ne
s'était pas contenté d'acheter plusieurs maisons ou parcelles
de terre du voisinage, mais il avait fait abattre une partie des
murs de Sucy et avait voulu, en outre, enfermer dans son
parc clos de murs une fontaine, dite la fontaine du Breuil, qui
était d'une grande utilité pour les habitants de Sucy, et
comme le consentement de ces derniers était nécessaire pour
cela, il n'y eut pas de procédé qu'il ne mit en œuvre pour
l'obtenir, leur promettant de les faire exempter de tailles, de
contributions et de logements de gens de guerre, s'ils accédaient
à son désir, et les menaçant de les en accabler dans le cas
contraire ; leur demandant, en outre, de le reconnaître pour
seigneur en partie de Sucy. Une délibération des habitants
eut lieu à ce sujet dans l'église de Sucy, à l'issue de la grand'
messe, le dimanche 16 février 1642 et, comme malgré tous
les moyens déjà mis en œuvre, ceux-ci hésitaient encore,
M. Lambert n'imagina rien de mieux que de les faire tenir

---

1. *Journal d'Olivier Le Fèvre d'Ormesson*, I, 238. La sévérité avec laquelle
Olivier Le Fèvre d'Ormesson jugeait les moyens employés par Jean-Baptiste
Lambert pour s'enrichir ne l'empêchait point d'apprécier comme il convient
le goût éclairé qu'à ce même moment le frère de celui-ci, le président Lambert de Thorigny, apportait à la construction et à la décoration de son
hôtel de l'île Saint-Louis, à Paris. Il écrivait en effet dans son Journal à
la date du 29 octobre 1643 : « Le jeudi 29 octobre au Palais..., l'après
disnée je fus avec mon père, ma mère, M. de Colanges et ma femme voir
les maisons de MM. de Bretonvilliers, Lambert et Hesselin qui estoient
magnifiques » (*Ibid.*, I, 118). — Le château de Sucy ou de Saint-Maur, à
Sucy, est actuellement possédé par M. de Berc auquel nous tenons à
exprimer ici tous nos remerciements pour l'obligeance avec laquelle il
a bien voulu nous donner plusieurs indications précieuses sur la topogra-
phie ancienne de Sucy.

enfermés dans l'église jusqu'à ce qu'ils eussent consenti à ses prétentions et donné pouvoir à quelques-uns d'entre eux de signer l'acte qu'il avait fait apporter tout préparé par son notaire. A peine libérés, les malheureux habitants s'adressèrent au Parlement de Paris pour protester contre la violence qui leur avait été faite, demandant l'assistance et la protection du chapitre de Notre-Dame de Paris, assistance et protection qui leur furent accordées avec d'autant plus d'empressement que, de temps immémorial, le chapitre se prétendait seul seigneur de Sucy. Un arrêt du Parlement de Paris du 29 avril 1643 ordonna que toutes choses seraient remises en l'état, mais ne termina pas le différend. Continué, à la mort de Jean-Baptiste Lambert, par son frère, puis par les fils de celui-ci et ensuite par les nouveaux acquéreurs du domaine, MM. de La Live d'Epinay, le procès ne prit fin qu'en 1774, après des actes de procédure sans nombre et d'interminables factums[1].

Si nous avons tenu à rappeler ici avec quelque détail ces agissements de Jean-Baptiste Lambert et de son frère à Sucy, ce n'est pas seulement parce qu'ils ne purent être ignorés de leurs voisins les Coulanges et de mademoiselle de Chantal, un échange de parcelles de terrain eut même lieu entre Jean-Baptiste Lambert et Philippe de Coulanges le 4 septembre 1643, c'est aussi parce qu'ils nous permettent d'apprécier combien la conduite des Coulanges avait été différente dans des circonstances analogues. Plus d'une fois, pour agrandir ou pour embellir ses domaines de Montaleau et de la Tour, le grand-père de mademoiselle de Chantal avait dû, lui aussi, empiéter sur certains terrains appartenant à la communauté de Sucy ou toucher à certains de ses privilèges. En 1636 notamment, pour réunir ensemble ces deux domaines, il avait dû enclore dans son parc une ruelle qui les séparait et qui, de tout temps,

1. Arch. nat. S. 398.

avait été considérée comme une voie publique. Mais il ne
l'avait fait qu'après avoir sollicité et obtenu l'autorisation du
chapitre de Notre-Dame, après avoir remis aux habitants de
Sucy une indemnité de mille livres et après leur avoir fait
établir, en échange, de belles fontaines couvertes. Aussi
lorsqu'en 1664, après plus de vingt années de contestations avec
le président Lambert de Thorigny, les habitants de Sucy formu-
lèrent les conditions auxquelles ils auraient accepté de tran-
siger et présentèrent un « mémoire et devis des fontaines
qu'ils entendent que M. Lambert leur fasse faire en échange
de leur fontaine du Breuil », ils y firent insérer cette clause :
« Plus sèront les deux fontaines couvertes comme celles que
M. de Coulanges a fait couvrir, en telle sorte que les femmes
soient à couvert de l'injure du temps et sera aussi mis des
marches de pierre de taille où besoin sera[1]. »

En 1653, Philippe de Coulanges céda par échange sa
maison de Montaleau et de la Tour à Marie de Grieu,
épouse de Jacques de Lionne, seigneur de Cueilly et celle-ci
en fit don à sa fille. Marie de Lionne, mariée à Charles
Amelot de Gournay, président au grand conseil, et il semble
que, suivant un usage alors assez répandu, Philippe de Coulanges vendit en même temps le mobilier. On trouve, en effet,
dans le recueil des chansons de son fils, Philippe-Emmanuel
de Coulanges, une poésie portant pour titre : *Sur un vieux lit
de famille retrouvé à Sucy chez madame Amelot* :

> Enfin, je vous revois, vieux lit de damas vert,
> Vos rideaux sont d'été, vos pantes sont d'hiver.
> Je vous revois, vieux lit si chéri de mes pères,
> Où jadis toutes mes grand'mères,
> Lorsque Dieu leur donnait d'heureux accouchements,
> Sur leur fécondité recevaient compliments.

1. Arch. nat. S, 398.

> Hélas ! que vous avez une taille écrasée.
> L'on ne voit plus en vous ni grâce ni façon.
> Autant de modes que d'années.
> Aujourd'hui le tapissier Bon
> A si bien fait par ses journées,
> Qu'un lit tient toute une maison,
>   Une maison [1].

Philippe-Emmanuel de Coulanges n'était pas d'ailleurs le seul qui prit plaisir à revoir Sucy. Lorsqu'en 1676 madame de Sévigné y revint un jour, elle ne put échapper aux souvenirs de toute sorte que lui rappelait cette maison et elle écrivait à madame de Grignan le 22 juillet : « Vous ai-je mandé que je fus l'autre jour dîner à Sucy chez la présidente Amelot avec les d'Hacqueville, Corbinelli, Coulanges. le bon abbé? Je fus ravie de revoir cette maison où j'ai passé ma belle jeunesse. je n'avais point de rhumatismes en ce temps-là [2]. »

---

1. *Chansons choisies de M. de Coulanges*, Paris, 1754, in-12, page 97.

2. *Lettres de madame de Sévigné*, IV, 532. Cette maison de Montaleau où s'est passée une partie de l'enfance et de la jeunesse de madame de Sévigné existe encore à Sucy aux n°s 2 et 4 de l'ancienne rue de La Tour, aujourd'hui rue du Chemin de fer. Toutefois, des changements importants furent apportés dès le xvii° siècle dans le domaine qui entourait cette maison par madame Amelot, laquelle en aliéna une partie à divers particuliers, et consacra l'autre partie à faire une avenue d'ormes devant l'entrée de la porte de la grande maison. Les archives de l'ancien chapitre de Notre-Dame de Paris nous font, d'autre part, connaître les possesseurs successifs de cette maison au xvii° et au xviii° siècles : vente. le 3 juin 1696, par Michel Amelot, marquis de Gournay, ambassadeur de France en Suisse, à Anne Leclerc, veuve d'Edme Pellé, secrétaire du roi ; — vente par cette dernière, le 8 novembre 1719, à Antoine Asselin de La Tour, marchand à Rouen ; — vente, le 24 juillet 1730, par Anne Guillaumot de la Bergerie, veuve de ce dernier, à François Saulnier de La Moisière, conseiller et secrétaire du roi ; — vente, le 4 juin 1756, par la veuve et les enfants de ce dernier à Jacques Roettier, orfèvre ordinaire du roi.

X

RABUTIN CHANTAL ET SÉVIGNÉ. — LES SÉVIGNÉ.
LE MARIAGE.

Si sainte Chantal avait songé un moment à faire de sa
petite-fille une religieuse de la Visitation, nous avons vu comment, mieux éclairée sur les dispositions de la jeune orpheline, elle avait bientôt renoncé à son projet, en consentant
à la laisser entre les mains de la famille de Coulanges. Elle
en donna une nouvelle preuve quelques années plus tard en
intervenant elle-même à l'occasion de projets de mariage
ébauchés pour mademoiselle de Chantal et pour la cousine
de celle-ci, Gabrielle de Toulongeon. Elle écrivait, en effet,
le 17 mai 1641 à son neveu, Jacques de Neuchèze, évêque de
Chalon :

Pour Dieu, mon très cher seigneur, considérez bien devant sa
Bonté les qualites de l'esprit de ceux à qui vous penserez donner
vos nièces, et ceux à qui vous ne trouverez pas le trésor de la sainte
crainte de Dieu dans leur cœur. quand ils seraient au reste les plus
grands et les plus accomplis de France, je vous conjure par les
entrailles de la divine miséricorde de ne les leur point donner. Je ne

désire d'avoir aucune voix au mariage de ces chères petites âmes
que pour cela. Une personne très digne de foi qui connaît M. de
Senecey dès son bas âge m'a dit qu'il avait entièrement l'esprit du
monde et de la Cour, homme porté aux sens et au vice; quelle considération donc faut-il apporter à cela! Ma sœur la supérieure de
notre maison de Paris m'a écrit que M. de La Grange l'avait priée
de me demander de sa part si j'aurais agréable que M. son fils
recherchât ma fille de Chantal. Je renvoie cette proposition à Mgr
de Bourges et à vous, mon très cher seigneur. Je ne connais pas le
fils, mais sa mère est très vertueuse; si est bien madame de Senecey,
mais l'on dit que son fils ne lui rend point d'obéissance... Je vous
dis mes pensées confidemment. Dieu, par son infinie bonté, veuille
de sa main faire ces bénis mariages [1].

La mère de Chantal mourut quelques mois plus tard sans
qu'aucune autre suite parût avoir été donnée à ces deux
projets. Gabrielle de Toulongeon épousa en 1643, non M. de
Senecey, mais son cousin, Bussy-Rabutin, celui-là même
qui, s'il faut en croire ses Mémoires, avait été destiné par
son père à son autre cousine, mademoiselle de Chantal.
Quant à celle-ci, nous n'avons trouvé à son sujet aucune
autre mention de M. de La Grange. Cependant, dès l'année
suivante, son conseil de famille se préoccupait à son tour de
la question de son mariage. A une nouvelle réunion qui eut
lieu le 3 juin 1642, sous la présidence d'Isaac de Laffemas,
alors lieutenant civil au Châtelet de Paris, son oncle et tuteur,
Philippe de Coulanges, représenta que, par le conseil du
20 mars 1637, il avait été ordonné 800 livres par an pour la
nourriture de mademoiselle de Chantal et pour celle de sa
demoiselle et 1 200 livres pour son entretenement et payement
des maîtres qui l'instruisent, mais que, « d'autant que toutes
choses sont augmentées à présent et ladite demoiselle mineure

1. *Œuvres de sainte Chantal*, VIII, 419.

étant d'âge convenable pour pouvoir être mariée, ladite somme de 1 200 livres ne peut plus subvenir aux dépenses nécessaires ». Se rendant à ces considérations, le conseil décida que cette somme serait augmentée de 600 livres.

A ce conseil de famille avaient pris part, en outre de Philippe de Coulanges, ses frères Christophe, abbé de Livry, Louis, sieur de Chésières et Charles, sieur de Saint-Aubin, Jacques de Neuchèze, évêque de Chalon, Claude Frémyot, conseiller au Parlement de Bourgogne, Léonor de Rabutin, tuteur de la jeune mineure, Hugues de Rabutin, chevalier de Saint-Jean de Jérusalem et coadjuteur du grand prieur de France et Vincent de Rabutin, grand prieur du Val des Choux. La présence de ces trois Rabutin à ce conseil de famille témoignait assez qu'ils avaient surmonté leurs anciennes préventions à l'égard des Coulanges et si, comme le prétend Bussy-Rabutin, son père avait songé à un mariage entre lui et mademoiselle de Chantal, il est difficile d'admettre qu'il n'en ait pas parlé à ce conseil. Jamais plus tard, comme on le sait, celle-ci n'a fait allusion à un pareil projet ni laissé deviner l'accueil qu'elle y aurait fait. Quoiqu'il en soit, pendant que l'année suivante Bussy-Rabutin choisissait une femme dans sa province et dans sa famille, Marie de Rabutin en 1644, à l'âge de dix-huit ans, prenait un mari en Bretagne en la personne de Henri, marquis de Sévigné.

On sait comment en 1668, au moment même où, en vue de l'enquête ordonnée pour la réformation de la noblesse, elle avait réuni les principales preuves de la noblesse des Sévigné, madame de Sévigné répondit aux plaisanteries de Bussy-Rabutin en montrant l'ancienneté et l'illustration de la famille dans laquelle elle était entrée :

Je sais que vous avez mis au bas du portrait que vous avez de moi que j'ai été mariée à un gentilhomme breton, honoré des alliances de Vassé et de Rabutin. Cela n'est pas juste, mon cher cousin. Je suis depuis peu si bien instruite de la maison de Sévigné que j'aurais sur ma conscience de vous laisser dans cette erreur. Il a fallu montrer notre noblesse en Bretagne et ceux qui en ont le plus ont pris plaisir de se servir de cette occasion pour étaler leur marchandise. Voici la nôtre. Quatorze contrats de mariage de père en fils, trois cent cinquante ans de chevalerie; les pères quelquefois considérables dans les guerres de Bretagne et bien marqués dans l'histoire; quelquefois retirés chez eux comme des Bretons; quelquefois de grands biens, quelquefois de médiocres, mais toujours de bonnes et de grandes alliances. Celles de trois cent cinquante ans au bout desquelles on ne voit que des noms de baptême, sont du Quelnec, Montmorency, Baraton et Châteaugiron. Ces noms sont grands. Ces femmes avaient pour maris des Rohan et des Clisson. Depuis ces quatre ce sont des Guesclin, des Coëtquen, des Rosmadec, des Cludon, des Sévigné de leur même maison, des du Bellay, des Rieux, des Bodégat, des Plessis-Tréal et d'autres qui ne me reviennent pas présentement jusqu'à Vassé et jusqu'à Rabutin. Tout cela est vrai, il faut m'en croire [1].

Si nous ne saurions retracer ici dans son ensemble l'histoire de la maison de Sévigné, nous pouvons dire tout au moins que les nombreux documents qui nous en ont été conservés sont plus que suffisants pour justifier les affirmations de madame de Sévigné. Dans l'arrêt de maintenue de noblesse des Sévigné, rendu le 7 novembre 1670, il est dit « qu'ils sont en possession de la terre noble et seigneurie de Sévigné, située à deux lieues de Rennes, paroisse de Cesson, de laquelle ils ont tiré leur nom sans en avoir jamais porté d'autre, qui est une marque des plus anciennes noblesses qui précède l'établissement des surnoms mis en usage depuis six cents ans ». En fait, depuis le xiiᵉ siècle, on trouve des

____
1. *Lettres de madame de Sévigné*, I, 531.

Sévigné d'une manière ininterrompue dans l'histoire de Bretagne. Au xiie siècle Gabillart de Sévigné assiste comme témoin à une donation faite par Geoffroy d'Acigné à l'abbaye de Savigny. En 1248, Guillaume de Sévigné prend part à la septième croisade. En 1379, Guy de Sévigné se joint à la noblesse bretonne pour empêcher l'invasion du pays. En 1380. Guillaume et Jean de Sévigné ratifient le traité de Guérande. En 1415, Guillaume de Sévigné se met sous les ordres du comte de La Bellière pour délivrer le duc prisonnier d'Olivier et de Charles de Blois. Le 4 novembre 1440. le même duc, désirant reconnaître les services de la maison de Sévigné, nomme Guillaume de Sévigné banneret. En 1484. Guillaume de Sévigné. écuyer du duc François II. ayant pris part à la conspiration des seigneurs bretons contre le ministre Pierre Landais, le complot fut découvert et Landais fit abattre les bois et la maison de Sévigné et condamner Guillaume à la peine de mort et à la confiscation de ses biens, mais, dès l'année suivante. par acte du 13 août 1485, le duc l'amnistia et le fit indemniser de la perte de ses biens. En 1557, Joachim de Sévigné est député à deux reprises vers le roi Henri II pour obtenir divers privilèges pour le duché de Bretagne[1].

En même temps qu'ils se signalaient par leurs services, les Sévigné savaient accroître leur patrimoine par leurs alliances. Aussi le généalogiste breton Guy Autret de Missirien pouvait-il écrire le 29 août 1644 à son confrère. Pierre d'Hozier, en apprenant le mariage du marquis de Sévigné avec mademoiselle de Chantal : « Je me réjouis de la bonne rencontre du baron de Sévigné qui est bien de l'une des anciennes maisons de notre province et en laquelle il y a eu de grands

---

1. Dom Morice, *Preuves de l'histoire de Bretagne*. passim.

biens et pourrais dire plus de 100 000 livres de rente. Il y a
encore un très bon reste d'environ 40 000 livres. J'en ai vu
tous les titres et en ai la généalogie bien complète depuis
l'an 1312. Les filles d'Assigné, de Châteaugiron, de Mathe-
felon et de Malestroit qui avaient été mariées avant l'an 1460
y portèrent de bons biens, mais Jaquette de Montmorency,
fille aînée de Charles de Montmorency... y porta de grandes
richesses par son mariage contracté le 10 juillet 1462 avec
Guillaume, seigneur de Sévigné et des Rochers[1]. » Si,
comme Missirien le laisse entendre lui-même, certaines de
ces terres furent ensuite aliénées, un bon nombre toutefois
restèrent entre les mains de la famille jusqu'au xviiᵉ siècle,
telles la terre et seigneurie des Rochers, entrée dans la famille
par le mariage de Guillaume de Sévigné avec Anne de Mathe-
felon en 1410 et dont les Sévigné firent leur résidence ordinaire après qu'en 1484 Pierre Landais eut fait raser le
château de Sévigné en Cesson ou telles encore que les terres
et seigneuries de Bodégat et du Buron apportées en dot par
Gillette de Tréal à l'occasion de son mariage avec Guy de
Sévigné et dont nous trouverons plus tard de nombreuses
mentions dans les lettres de madame de Sévigné. On sait que
dans la lettre qu'il adressa à sa sœur, madame de Grignan, le
27 septembre 1696, après la mort de leur mère, Charles
de Sévigné évaluait ces terres, les Rochers à 120 000 livres,
Bodégat à 120 000 livres, Sévigné à 18 000 livres et le Buron
à 100 000 livres[2]. Il serait donc faux de dire avec Tallemant

1. *Guy Autret, seigneur de Missirien, correspondant de Pierre d'Hozier
en Basse-Bretagne (1635-1660).* Lettres inédites recueillies et publiées par
M. le comte de Rosmorduc. — Saint-Brieuc, 1899, in-4°, page 85.

2. Il convient d'ajouter que cette énumération de 1696 ne comprend pas
plusieurs autres terres importantes que possédait le marquis de Sévigné au
moment de son mariage et qui furent aliénées depuis, comme la terre du
Plessis-Tréal vendue par lui-même en 1649 pour 62 200 livres et la terre de
la Baudière vendue par madame de Sévigné en 1671 pour 40 000 livres.

des Réaux parlant du mariage du marquis Henri de Sévigné
avec mademoiselle de Chantal, que Sévigné « avait fort peu
de biens ». Ce qu'il convient de dire toutefois, c'est qu'au
moment de son mariage, une partie de sa fortune paraît
avoir été obérée, c'est aussi que les conditions dans lesquelles
s'étaient passées son enfance et sa jeunesse l'avaient mal
préparé à administrer le reste.

A la fin du xvi⁰ siècle la branche aînée des Sévigné n'était
plus représentée que par une femme, Marie de Sévigné, dame
d'Olivet, laquelle épousa un Sévigné d'une branche cadette,
Joachim de Sévigné. Celui-ci s'unit en 1590 aux principaux
catholiques des paroisses voisines de Vitré pour chasser les
protestants de cette ville et l'année suivante fit partie d'une
députation envoyée auprès du roi pour demander le maintien
de la religion catholique. Il mourut en 1612, laissant trois
filles, Marie, Marguerite et Claude et deux fils, Charles et
René-Renaud.

Pendant que ce dernier embrassait la carrière des armes
et entrait dans l'ordre de Malte, Charles épousait en 1621
Marguerite de Vassé, fille de Lancelot de Vassé et de Françoise
de Gondi, tante du futur cardinal de Retz. De ce mariage
naissait le 16 mars 1623 Henri, marquis de Sévigné, le futur
époux de mademoiselle de Chantal. C'est le 28 juillet 1626
seulement qu'il fut baptisé à l'église Notre-Dame de Nantes
ainsi qu'en témoigne l'acte suivant :

Le 29 juillet 1626, Henry, fils de haut et puissant seigneur messire Charles de Sévigny et de dame Marguerite de Vassé, sa com-
pagne, a esté apporté en l'église de Notre-Dame de Nantes pour y
recevoir les saintes onctions qui lui ont esté appliquées avec toutes les
cérémonies régulières par vénérable et discret prestre messire Guy
Regnon, recteur de ladite paroisse. Le nom luy a esté imposé par
haut et puissant seigneur messire Henry de Scomberg, comte de

Nantheuil et de Durestal, maréchal de France, chevalier des ordres
de Sa Majesté, gouverneur pour le roy ès pays de Haut et Bas
Limosin et Angoumois et dame Anne duchesse d'Halwin [1].

Marguerite de Vassé étant morte à Vassé le 25 novembre 1624 [2], Charles de Sévigné épousa en secondes noces, le
21 avril 1629, Marguerite de Coëtnempren, dame de Kéraldanet, qui, d'un premier mariage avec Guy de Keraldanet.
avait eu elle-même deux filles, Renée et Marie de Keraldanet.
Sur le caractère de cette seconde femme de Charles de
Sévigné, sur sa conduite à l'égard de ses filles. ou tout au
moins à l'égard de la seconde, ainsi que sur l'impression qu'en
dut éprouver le jeune marquis de Sévigné, la suite de cette
histoire nous renseignera abondamment.

Charles de Sévigné paraît devoir être rangé au nombre de
ces Sévigné qui vivaient retirés chez eux comme des Bretons.
Il ne semble avoir exercé aucune charge et les pièces qui
nous sont restées de lui nous le montrent résidant d'ordinaire en son château des Rochers. Suivant un usage alors
très répandu, il figure comme parrain dans les anciens
registres d'état civil de Vitré ou des paroisses voisines, le
30 avril 1628 à Saint-Martin-de-Vitré, comme parrain de
François Périer, fils de Hardouin Périer, le 9 août 1630 à
Étrelles, paroisse voisine des Rochers, comme parrain de
Marguerite Amaury, fille de Jean Amaury, sieur de Blan-

---

1. Inventaire des Arch. mun. de Nantes, II, 236.

2. « Le 27e dudit mois (novembre), an susdit, fut enterrée noble et puissante dame Marguerite de Vassé, dame de Sévigné et des Rochers. »
(Extrait du registre des sépultures de la paroisse de Rouessé-Vassé pour
l'année 1624.) — « Dame Marye (sic) de Vassé, dame de Sévigné, décéda à
Vassé le 25e jour de novembre et son cœur fut apporté en cette ville et fut
passé en la sépulture des seigneurs de Sévigné au cœur de cette église le
3e décembre 1624. » (Extrait des registres de la paroisse Notre-Dame de
Vitré. — Bibl. de Rennes. Fonds Saulnier. Papiers Sévigné.)

chenauve. Nous le trouvons cependant à plusieurs reprises à Paris et notamment le 29 mai 1632, logé rue de Bourbon, près Saint-Germain-des-Prés et donnant à sa mère une procuration pour vendre la terre et seigneurie de Bléhéban sise en la paroisse de Caden, évêché de Vannes[1]. Il ne paraît pas douteux qu'il ait aussi dû faire de fréquents séjours à Rennes où résidaient plusieurs de ses parents, comme son cousin Renaud de Montmoron, conseiller au Parlement, et à Nantes, ville où son fils avait été baptisé et dans le voisinage de laquelle il possédait la terre et seigneurie du Buron. Les renseignements très incomplets que nous avons sur l'administration de ses biens ne nous permettent pas de nous en faire une opinion précise. S'il est vrai qu'en 1632 il donna pouvoir pour vendre la terre et seigneurie de Bléhéban pour la somme de 43 000 livres, il est juste aussi de rappeler que, trois ans auparavant, le 4 mai 1629, il avait acheté de François de Fleix, de Paul Scarron et de Françoise de Fleix, la terre et seigneurie de la Haye de Torcé pour la somme de 45 000 livres[2]. Il convient toutefois d'ajouter que plusieurs emprunts contractés, soit par lui, soit par sa mère, depuis son second mariage, en 1631, 1633 et 1634, ne furent remboursés que beaucoup plus tard, soit par son fils en 1649, soit par madame de Sévigné en 1651[3].

Henry de Sévigné passa ses premières années au château des Rochers. Dès le 19 mars 1627, nous le trouvons mentionné dans les registres des baptêmes de Saint-Martin de Vitré comme parrain de Henry Périer, fils de noble homme Hardouin Périer et de Renée Gaultier et la marraine à ce baptême est sa grand'mère, Marie de Sévigné, dame d'Ollivet;

1. Bibl. mun. de Rennes. Fonds Saulnier. Papiers Sévigné.
2. *Scarron et son milieu*, par Emile Magne, Paris, 1924, p. 309.
3. Bibl. mun. de Rennes. Fonds Saulnier. Papiers Sévigné.

le 1ᵉʳ août 1631 à Étrelles, près des Rochers, il est parrain de
Henry l'Angibault, fils de Jacques l'Angibault et de Guille-
mette Maurin. La marraine est cette fois Renée de Keraldanet,
fille aînée de la seconde femme de son père. Il semble d'ailleurs qu'il avait été convenu de bonne heure entre celle-ci et
Charles de Sévigné que le jeune marquis de Sévigné épouse-
rait Renée de Keraldanet et, pour que la part de la future
épouse fut plus belle, sa mère résolut de mettre la cadette,
Marie de Keraldanet, au prieuré des Bénédictines de la Trinité de Vitré, mais ce projet de mariage se trouva déjoué
par la mort prématurée du baron de Sévigné survenue le
14 janvier 1635. On lit, en effet, dans le registre des sépultures de Notre-Dame de Vitré : « Charles de Sévigné, baron
dudit lieu, décéda le quatorzième jour du mois de janvier 1635
en sa maison des Rochers et fut ensépulturé le quinzième
dudit mois dans le cœur des religieux de Notre-Dame de
Vitré à cinq heures du soir par lesdits religieux. »

La veille de sa mort, le 13 janvier 1635 avant midi,
Charles de Sévigné avait fait appeler près de lui au château
des Rochers Mᵉˢ Bécheu et Louaisil, notaires à Vitré, pour
leur dicter son testament en présence de sa mère, de M. Monnerie, chanoine de Vitré, et de M. Goupil, recteur d'Argentré
et cette pièce qui nous a été conservée[1] nous fournit plus
d'un renseignement précieux :

Devant nous, notaires des cours royales de Rennes et de la
baronnie de Vitré ensemble concurrentes, a comparu en personne
haut et puissant seigneur messire Charles baron de Sévigné, seigneur du Buron, les Rochers et autres places, gisant au lit malade
en son château des Rochers, paroisse de Saint-Martin dudit Vitré,
néanmoins sain de pensée et entendement, lequel reconnaissant qu'il

1. Bibl. mun. de Rennes. Fonds Saulnier. Papiers Sévigné.

n'est rien plus certain que la mort et que l'heure en est incertaine,
il a voulu par ces présentes faire ses ordonnances de dernière volonté
comme ensuit.

Premier, lorsqu'il plaira à Dieu séparer son âme de son corps, il
désire être ensépulturé en son enfeu du cœur de l'église Notre-Dame
de Vitré, sans aucunes pompes funèbres fors que, lors de sa sépulture, il désire avoir l'habit de l'ordre de saint Dominique, lequel
sera enterré avec lui suivant la permission du révérend père général
de l'ordre.

Pour cet effet, le testateur déclarait donner au couvent
des Dominicains de Vitré sa chapelle d'argent consistant en
un calice, deux orseuls, chandeliers, plat à laver et clochette,
le tout d'argent doré vermeil, une somme de 3oo livres une
fois payée, plus une rente annuelle de quarante livres assise
sur la terre des Rochers. Aux couvents des Pères Augustins
et Récollets de Vitré il donnait à chacun la somme de 1oo livres
et au couvent de Bonne-Nouvelle de Rennes sa chasuble de
satin blanc.

Il recommandait de payer exactement ce qu'il lui restait
devoir à diverses personnes, comme la veuve de maître René
Androuin, Jacques Doré, M. Brochard, curé à Estrelles,
M. du Plessis d'Argentré et madame de La Bardière, ainsi qu'à
divers fournisseurs de Vitré, les sieurs Burel, Haye, Robert,
Dumont, la veuve Delaborde, Louin, brodeur; Guy Jary,
cordonnier; Boullays, tanneur; Jacques le Remendeux, maître
apothicaire, plus une somme de 12 à 1 5oo livres au sieur
Penillon à Paris et au sieur Péan, orfèvre à Paris, le prix
d'un flacon d'argent reçu depuis peu.

Il faisait ensuite de nombreuses libéralités à ses domestiques : 3oo livres à Renée Boucherie « pour les services
qu'elle avait faits en sa maison et en celle de madame sa
mère »; 6oo livres à un sieur Resneau; 1oo livres à Rencontre,

son ancien laquais; 60 livres à Blanchenöe, son valet de chambre; le meilleur de ses chevaux de selle à Sannache, son maître d'hôtel; douze boisseaux de seigle par an à sa nourrice, sa vie durant, et à Pierre Boucherie, son jardinier, six boisseaux de seigle par an « quand il ne pourra plus travailler à gagner céans ni ailleurs ».

Parmi ces libéralités il en est une qui mérite d'être retenue en raison de son importance :

Ledit seigneur donne et veut qu'il soit délivré aux révérendes religieuses du couvent des Bénédictines de Vitré, lorsque demoiselle Catherine Richard, à présent pensionnaire audit couvent, aura fait profession de religieuse en icelui, la somme de mil cinq cents livres outre sa pension audit couvent jusqu'au jour de ladite profession qu'elle sera tenue faire dans un an prochain, suppliant Madame la prieure dudit couvent se ressouvenir de la promesse qu'elle lui a faite de la recevoir pour la même somme.

Les principales dispositions de ce testament concernaient, comme il est naturel, le fils du testateur et il convient de les reproduire ici dans leur entier :

Plus ledit seigneur baron supplie ladite dame d'Ollivet, sa très honorée mère, de vouloir, son décès arrivé, avoir agréable d'accepter la charge et tutelle de Monsieur son fils et de lui conserver les meubles en entier, ordonnant que pour l'assister en la décharge, écuyer François Lyais, sieur du Temple, y soit employé, le créant à cet effet curateur particulier, voulant qu'il y soit seul, sans autre, auquel il ordonne à cette fin la somme de mille livres tournois d'appointements pour chacun an par ce qu'il rendra compte des recettes qu'il fera de six mois en six mois ou d'an en an, suppliant outre Messieurs de Champiré [1], de La Crossonnière [2], de Brézolles [3], de

1. René Renaud de Sévigné, sieur de Champiré, dit le chevalier de Sévigné, frère du testateur.

2. Claude de La Crossonnière, marié à Marie de Sévigné, sœur du testateur.

3. Nicolas de Morais, seigneur de Brézolles, marié à Marguerite de Sévigné, sœur du testateur.

Montmoron [1], et de La Forest d'avoir agréable et de continuer
l'amitié qu'ils lui ont toujours portée et de confirmer son intention
et d'assister Monsieur son fils en ses affaires et particulièrement
lesdits seigneurs de la Forest et de Montmoron d'assister ladite dame
d'Ollivet en ladite charge et vouloir accepter la connaissance des
comptes et affaires dudit sieur du Temple qu'il rendra auxdits sieurs
de Montmoron, de La Forest ou à ladite dame d'Ollivet ou à l'un
d'eux en l'absence des autres, lesquels comptes vaudront comme
s'ils étaient faits en justice.

Supplie ledit seigneur baron dame Marguerite de Coëtnempren,
son épouse, de continuer l'affection qu'elle lui a toujours portée et
à monsieur son fils et, en cas qu'elle se porte à l'accomplissement de
l'alliance de Monsieur son fils avec mademoiselle de Rascol, sa fille,
il la requiert de vouloir bien se tenir au château des Rochers en
conservant les meubles qui y sont comme ses propres, attendant
qu'il soit en âge d'en avoir la disposition.

Il n'est pas sans intérêt de constater que si, dans ce testament, Charles de Sévigné faisait une allusion, d'ailleurs dis-
crète, à l'affection de sa femme, Marguerite de Coëtnempren,
c'est non à elle, mais à sa mère, Marie de Sévigné, qu'il
confiait la tutelle de son fils. Quoiqu'il en soit, les dispositions qu'il avait cru devoir prendre en faveur de celui-ci ne
purent être réalisées. Marie de Sévigné ne survécut que de
quelques mois à son fils et mourut à Vitré en 1635. Quant
à Marguerite de Coëtnempren, dès l'année suivante elle quit-
tait le château des Rochers et, par contrat du 25 janvier 1636,
épousait en troisièmes noces Honoré d'Acigné, comte de
Grandbois. Le même jour, sa fille aînée, Renée de Keraldanet,
épousait, non Henri de Sévigné, mais le comte de la Roche-
Jagu, fils aîné du comte de Grandbois et mourait au mois de
novembre 1639, en laissant une fille, Marie-Anne d'Acigné.

---

1. Renaud de Sévigné, sieur de Montmoron, conseiller au Parlement de
Rennes, cousin germain du testateur.

En 1638, Marguerite de Coëtnempren engageait d'ailleurs un procès contre Henri de Sévigné en raison de contestations relatives à l'interprétation de son contrat de mariage avec Charles de Sévigné et ce procès qui fut continué ensuite entre sa petite-fille Marie-Anne d'Acigné et madame de Sévigné ne devait prendre fin qu'avec les dernières années du xviie siècle. En même temps un autre procès, marqué de multiples incidents, s'engageait entre Marguerite de Coëtnempren et sa seconde fille, Marie de Keraldanet, et si nous croyons devoir en parler ici avec quelque détail, c'est parce que, par plusieurs côtés, il touche de très près à l'histoire des Sévigné[1].

Nous avons dit comment, pour avantager sa fille aînée, Marguerite de Coëtnempren avait, du vivant même de Charles de Sévigné, fait entrer sa fille cadette au prieuré des Bénédictines de Vitré. Si, pour échapper aux mauvais traitements dont elle était l'objet de la part de sa mère au château des Rochers, la jeune fille avait fini par consentir à entrer dans ce monastère et à y faire profession, elle n'avait jamais cessé de protester contre la violence qui lui avait été faite. On sait quels étaient en pareille matière les principes et la conduite de saint François de Sales et de la Visitation. Nous avons vu que, lorsqu'il fut question de décider de la vocation de Françoise de Chantal, la future comtesse de Toulongeon, saint François de Sales écrivait à la mère de Chantal : « Si Françoise veut de son gré être religieuse, bon ; autrement je n'approuve pas qu'on prévienne sa volonté par des résolu-

1. Lorsque après plus de vingt années de réclamations et de plaintes, Marie de Kéraldanet put enfin sortir du monastère des Bénédictines de Vitré, elle épousa à Rennes, en 165, un Sévigné d'une branche cadette, Gilles de Sévigné, vicomte de Pontrouault. Les principaux traits de son histoire ont été racontés par M. Frédéric Saulnier, ancien conseiller à la Cour d'Appel de Rennes, dans la *Revue de Bretagne et Vendée* de l'année 1885, sous le titre *le Roman d'une dame de Sévigné*.

tions », et si, plus tard, Marie-Madeleine de Coulanges fut mise
à la Visitation de la rue Saint-Antoine à l'âge de quatre ans,
nous avons vu comment elle en put sortir librement lorsqu'il
fut reconnu qu'elle n'avait aucune disposition pour la vie
religieuse. L'histoire de Marie de Keraldanet montre qu'à
cette même date on professait au prieuré des Bénédictines de
Vitré des maximes toutes différentes. Une enquête faite en
1667 par ordre du roi sur les abbayes de femmes en Bretagne
nous explique les raisons d'une pareille conduite en ce qui
concerne ce monastère. Nous y voyons, en effet, que ce prieuré,
fondé en 1625 dans un faubourg de Vitré, le faubourg de
Mériays, n'avait pas cessé depuis ce moment d'être réduit à
la condition la plus précaire et qu'en 1667 il n'avait que
3575 livres de revenu alors que la dépense se montait à
7106 livres. On comprend sans peine, dans ces conditions, la
joie avec laquelle on y avait accueilli Marie de Keraldanet
pour laquelle les parents promettaient une grosse dot. Non
seulement des actes de pression de toute sorte furent exercés
sur elle pour l'amener à se résigner à son sort, mais pendant de longues années elle ne put faire entendre utile-
ment ses réclamations et ses plaintes. Ce n'est qu'en 1652,
qu'à la suite de diverses tentatives et procédures restées
infructueuses, une enquête prescrite par un bref de la Cour
de Rome du 12 juillet 1651 put enfin avoir lieu par les soins
de messire Pierre Bertaut, chanoine de l'église de Saint-
Malo[1]. Si, en raison de l'opposition formelle de l'évêque de
Rennes, Marie de Keraldanet ne put être interrogée elle-
même, neuf témoins de Vitré ou des environs, civils ou
ecclésiastiques, furent entendus au cours de cette enquête
et nous ne saurions donner une impression plus exacte de

1. Arch. dép. d'Ille-et-Vilaine, série H. 2 h. 3. 125.

cette affaire qu'en reproduisant ici certaines de ces dépositions :

Du mardi 26ᵉ jour de mars 1652. Vénérable et discret frère René Hodemond, doyen et vicaire de Notre-Dame et Saint-Martin de Vitré, âgé de cinquante-trois ans ou environ... dit avoir bonne connaissance d'avoir vu mademoiselle de Queraldanet, fille de madame de Sévigné, à présent comtesse de Grandbois, pensionnaire en la maison des Bénédictines du couvent de la Trinité de Vitré, appelée Marie de Queraldanet, à présent demeurant audit couvent en qualité de religieuse, et se souvenir que lorsqu'il fut question de lui donner le voile, il reçut commission de défunt monseigneur l'illustrissime et révérendissime évêque de Rennes, afin d'entendre ladite de Queraldanet et l'interroger touchant sa vocation à la religion, il y a seize ans et plus et que, l'ayant fait ôter du couvent, il la fit conduire en la ville dudit Vitré en la maison de Sévigné où demeurait pour lors madame d'Olivet afin qu'elle fût plus libre de dire ses sentiments, a bonne connaissance de lui avoir demandé qui l'obligeait de quitter le monde, vu qu'elle y pouvait vivre avec splendeur, et si elle n'était point contrainte par ses parents, à quoi elle fit réponse qu'elle n'y avait aucune inclination et que, pour obéir à Madame sa mère, elle prendrait le voile, seulement pour la contenter, sans intention de se faire religieuse et que, pour éviter les mauvais traitements de sa mère, elle simulerait ses intentions pour vivre quelque temps en repos et hors de captivité..., de plus, se souvient que, lorsqu'on voulut faire faire sa profession, il lui parla quelques jours auparavant où elle lui témoigna qu'on la voulait contraindre à faire profession, mais qu'elle n'en ferait rien et que peu de jours après, feu M. Moreau, secrétaire de défunt monseigneur de Rennes, vint à Vitré pour la faire professer et qu'il y demeura trois jours entiers pour la persuader et qu'il était avec ladite de Queraldanet au parloir depuis le matin jusques à neuf heures du soir pendant ledit temps. Dit de plus avoir bonne connaissance qu'un jour qu'il ne peut coter, se trouvant à la grille avec la dame de Lucinge, prieure pour lors dudit couvent, il dit à ladite de Queraldanet, dite de Saint-Charles, en ces mots : « Hé bien, vous voilà religieuse, j'espère que vous

ferez bien ». lors elle lui répondit : « Je ne veux point faire de
mal, mais si je fais du bien, ce ne sera pas comme religieuse, parce
que je ne suis point religieuse, je n'y ai jamais consenti et n'en ai
jamais eu intention, c'est vous (parlant à ladite prieure), notre
mère, qui avez usé de violence envers moi. » A quoi ladite prieure
insista pour s'excuser devant ledit sieur Hodemond, à laquelle ladite
de Queraldanet répliqua : « Vous savez bien qu'au chapitre où je
devais demander à être professe, vous le demandâtes pour moi et
alors je dis que je n'en voulais rien et me poussâtes si fort que je
pensai tomber devant la compagnie. »

Vénérable et discret messire Étienne Monnerie, prêtre chanoine
en l'église collégiale de la Madeleine de Vitré, âgé de soixante-
deux ans ou plus... dépose avoir eu connaissance qu'il y a vingt
ans et plus, que le feu sieur baron de Sévigné ayant épousé dame
Marguerite de Coëtnempren, veuve du feu sieur du Roscouet
(Rascol), ladite dame alla demeurer en la maison seigneuriale des
Rochers avec son mari où elle amena ses deux filles qu'elle avait eues
de son premier mariage, dont l'aînée a été depuis mariée avec le
comte de la Roche-Jagu et la cadette nommée Marie est à présent
dans la maison des religieuses bénédictines dudit Vitré..., dit de
plus qu'au temps qu'il était recteur de la paroisse d'Argentré, il
fréquentait ordinairement en ladite maison des Rochers et remarqua
par plusieurs actions de ladite dame de Sévigné qu'elle traitait fort
inégalement ses deux filles, caressant continuellement l'aînée et
usant de toutes sortes de rigueurs et mépris vers la cadette, tellement qu'il crut être obligé en conscience d'en faire remontrance à
ladite dame, laquelle ne l'ayant pas reçue en trop bonne part, il lui
dit qu'elle devait craindre que Dieu, par un juste châtiment, ne lui
ôtât celle dont elle faisait trop d'état et ne lui laissât que celle qu'elle
témoignait n'aimer point et qu'elle voulait, contre tout droit divin
et humain, forcer et violenter à être religieuse; dit de plus que
ladite Marie s'est plainte souventes fois à lui que sa mère la battait
et excédait en particulier et même qu'une fois, étant couchée avec
sadite mère, elle la jeta du lit en bas, dont elle se trouva blessée au
front et jeta quantité de sang par le nez, la laissant en cet état plus
de deux heures sur le pavé, nue en chemise, et qu'elle la traitait

mal à toutes heures. Dit davantage ledit sieur Monnerie ne savoir d'où procédait la mauvaise volonté de ladite mère envers sadite fille Marie, sinon que l'aînée était destinée en mariage pour le fils du sieur marquis de Sévigné qui était unique et la voulait faire seule héritière…, dit d'abondant ledit sieur Monnerie qu'il était présent à la profession de ladite Marie et qu'elle pleurait si abondamment et était tellement éperdue qu'elle ne pouvait parler qu'à grand peine ni prononcer les paroles de sa profession, ce qui fut, ainsi qu'il vit, très bien remarqué par les assistants et que depuis et avant même ladite profession, ladite de Saint-Charles a mené une vie plus mondaine que religieuse, passant la plupart du temps aux parloirs avec toutes sortes de compagnies, tant catholiques qu'hérétiques, chantant devant eux des airs de Cour et chansons à boire, pendant même le divin service, ce qu'il a vu lui-même par plusieurs fois. De plus, ledit sieur Monnerie, auparavant signer sa déposition, pour la décharge de sa conscience, nous a déclaré avoir vu deux ou trois lettres de la mère de ladite Marie, toutes remplies d'injures et menaces, et qu'en cas qu'elle ne voulut professer, elle la rendrait malheureuse, l'appelant en ces mots : « Petite coquine, petite chienne, il faut que tu fasses mes commandements », lesquelles lettres il a vues entre les mains de ladite Marie et les a lues et lui dit qu'elle les gardât comme la prunelle de son œil et ne les baillât à personne et qu'il a appris du depuis qu'elle les a baillées au sieur baron de Viré, l'un de ses héritiers et son parent.

Vénérable et discret messire Guillaume Le Brun, prêtre, chapelain de Notre-Dame de Vitré et notaire apostolique, âgé de soixante ans ou environ, demeurant au marché de Vitré et principal du collège… dépose qu'il y a environ quinze ans qu'en qualité de notaire apostolique, il fut appelé par la tourière des religieuses bénédictines dudit Vitré de la part de la dame prieure dudit monastère et du sieur comte et de la dame comtesse de Grandbois pour rapporter acte de la profession de demoiselle Marie de Queraldanet. dite maintenant la dame de Saint-Charles, et, étant arrivé en la chapelle dudit couvent, il se mit tout proche de la grille… pour mieux voir la cérémonie et voir signer ladite de Queraldanet. laquelle ne pouvait se réduire et entendit plusieurs personnes dudit Vitré qui disaient que c'était

grande pitié de contraindre cette pauvre demoiselle là à être religieuse et que l'on voyait bien qu'elle y était forcée et que les religieuses mêmes dudit couvent avaient employé toutes sortes d'artifices
et fait tous leurs efforts pour la réduire sur la promesse et espérance
de très grande somme d'argent que ledit sieur de Grandbois pro-
mettait si l'on pouvait la faire condescendre et, de fait, il fut payé
8 000 livres pour cet effet, outre la pension de 3oo livres...; dit
outre qu'après l'exhortation faite par le sieur Moreau, ainsi qu'il
croit, il vit paraître ladite de Queraldanet avant que de professer,
toute éplorée, et, après les révérences accoutumées, elle lut en
partie son acte de profession et le reste fut lu par une des religieuses
qui était auprès d'elle et croit que c'était la dame de Saint-Scolas-
tique, et après, approchant de la grille, les larmes aux yeux, il lui
fut présenté une plume pour signer qu'elle prit à grand peine et la
tenant en mains l'espace de plus d'un *Miserere*, étant si aveuglée
de larmes qu'elle ne voyait et qu'elle n'eut pu signer, si elle n'eut
été conduite et qu'au même temps ledit sieur comte de Grandbois
qui était présent à ladite cérémonie avec madame sa femme, mère
de ladite demoiselle de Queraldanet, faisait des signes et démon-
strations de colère, frappant du pied à terre, branlant la tête de
côté et d'autre de ne la voir signer hardiment et promptement

Noble homme Jean Picart, sieur de Bellemaison, âgé de quarante-
huit ans ou environ, demeurant en la Tour de Sévigné, en la ville
de Vitré, dépose qu'il a ouï dire plusieurs fois à madame la comtesse
de Grandbois, lors femme de monsieur de Sévigné, qu'elle avait une
fille au couvent des Bénédictines de Vitré, qu'elle voulait faire
religieuse, afin de marier sa fille aînée avantageusement avec le fils
dudit sieur de Sévigné et étant le déposant venu demeurer en ladite
ville de Vitré et faisant visite à madame de Lucinge, pour lors prieure
dudit couvent, il lui a ouï dire par plusieurs fois qu'elle était bien
en peine de sa sœur de Saint-Charles, parce qu'elle ne lui voyait
aucune disposition à la religion...; dépose avoir ouï dire à ladite
supérieure qu'elle voulait faire résoudre sa fille de Saint-Charles à
faire profession, prévoyant bien que dans le monde elle n'aurait
pas grand contentement et qu'elle vivrait plus doucement en la
religion et que, faisant profession, elle leur apporterait beaucoup

d'argent duquel leur maison avait grande nécessité, qu'elle le priait
de l'assister en cette occasion, qu'elle et toute la communauté lui
en auraient grande obligation.

Damoiselle Marie Tufé, dame de La Miochère, veuve de défunt
maître Guillaume Bidault, notaire royal et procureur ès causes,
... dépose avoir souvenance que ledit Bidault, son mari, fut prié
environ deux ans auparavant sa mort, qui fut le jeudi saint 29 de
mars 1646, par la dame de Saint-Charles, prétendue religieuse béné-
dictine de cette ville, de se transporter au monastère desdites Bénédictines pour lui rapporter un acte par lequel elle réclamait de la
prétendue profession qu'elle avait dû faire, disant y avoir été contrainte par les violences de madame sa mère, lequel acte il rapporta
et, étant de retour au logis, sondit mari fit copier ledit acte par
son clerc et le bailla à la déposante... ; que, huit ou dix jours auparavant la mort de feu son mari, ladite dame de Saint-Charles envoya
quérir la déposante et qu'étant allée audit couvent pour parler à
ladite de Saint-Charles, elle lui dit que la copie de sa réclamation
qu'elle lui avait baillée lui avait été dérobée en sa chambre et
qu'elle la suppliait de prier son feu mari de lui en délivrer une autre
copie, ce qu'il fit très volontiers...

Honorable femme Marie Hamelot, femme de maistre Jean Simon,
sieur de la Corbinais, âgée de cinquante-deux ans ou environ,
dépose qu'elle se souvient bien qu'il y a environ vingt ou vingt-deux
ans que damoiselle Marie de Queraldanet, dite la dame de Saint-
Charles, retenue au couvent des Bénédictines de cette ville, fut
amenée à Vitré par M. de Sévigné, son beau-père, pour être mise
pensionnaire audit couvent, lequel sieur de Sévigné disait qu'il la
mettait en ce lieu là, duquel il l'en retirerait bientôt, et que ce qu'il
en faisait était pour la délivrer des mauvais traitements que sa mère
lui faisait et qu'il ne pouvait plus supporter ; dit que quelques
années après la mort dudit sieur baron de Sévigné, sa mère,
veuve, voulut qu'elle demeurât dans ledit couvent et l'obligea à
prendre l'habit de novice, lui disant que ce n'était pas pour la faire
religieuse, mais que les filles portaient le deuil en blanc et que
bientôt après elle la retirerait. Et lors ladite dame de Saint-Charles
criait vengeance sur sa mère, disant : « Tirez-moi d'ici. » Dit outre

que ladite dame étant mariée au comte de Grandbois, ne sait en
quelle année, ladite dame venait souvent à Vitré voir sa fille et
qu'elle lui disait qu'il fallait qu'elle demeurât là et qu'elle fut religieuse, autrement qu'elle n'aurait point de patience avec son mari
et qu'il la maltraitait pour ce sujet. Et lors ladite damoiselle de
Queraldanet disait à sa mère : « Et pourquoi vous êtes-vous mariée?...
Si mon papa de Sévigné n'était point mort, il m'ôterait bien d'ici. »
Alors ladite dame sa mère fit venir la dame prieure au parloir où
elles étaient, et, étant arrivée, elle lui dit en ces mots : « Madame,
je veux que cette petite coquine là soit religieuse, je vous donnerai
un beau présent. Monsieur le sénéchal me prête de l'argent. » Et
lors ladite demoiselle, se tournant vers la déposante, lui dit, joignant
les mains en pleurant : « Hé, ma chère amie, je vous prie d'aller
dire à M. le sénéchal qu'il ne prête point de l'argent pour me faire
damner. »

René Nouail, sénéchal de Vitré, certifions qu'un certain jour dans
l'an 1637, sans le pouvoir positivement coter, monsieur le comte
de Grandbois et madame la comtesse sa femme se transportèrent
dans notre maison dudit Vitré, lesquels nous témoignèrent qu'ayant
destiné demoiselle Marie de Keraldanet, fille du premier mariage de
ladite dame comtesse, pour la religion, ils avaient tenté toutes sortes
de moyens pour l'obliger à faire profession dans le couvent des dames
religieuses bénédictines de cette ville, mais que, n'ayant trouvé dans
sa personne aucune disposition pour la religion, il ne leur restait
plus qu'une seule voie pour faire réussir leur dessein qui était de
donner une somme considérable auxdites religieuses pour les obliger
à lui suggérer des sentiments pour la religion et la préparer à faire
profession ; que, pour y parvenir, ils nous priaient instamment de
les accommoder d'une partie de 2 000 livres pour composer la somme
de 8 000 livres à laquelle ils avaient traité, ce que nous leur accor-
dâmes. Et, en effet, nous leur prêtâmes ladite somme de 2 000 livres
sous une obligation qu'ils nous consentirent. Ce qu'ayant été su par
ladite demoiselle de Queraldanet, elle nous envoya défunt Jacques le
Remandeux, maître apothicaire de cette ville, nous faire des reproches
de ce que, par ledit prêt, nous contribuions à la violence que l'on
exerçait sur elle pour l'obliger à faire profession contre sa volonté ;

qu'elle protestait qu'elle n'avait aucune intention pour la religion, nous suppliant, de sa part, de lui rapporter, comme juge, acte de sa déclaration pour s'en servir avec le temps. Et quelques jours après, un jour de dimanche, elle fit une prétendue profession, à laquelle, étant présent, nous reconnûmes qu'elle confirma, par les larmes qu'elle jeta en abondance, le peu de disposition qu'elle avait pour la religion. De plus, certifions que, depuis les sept à huit mois, elle a été tellement recluse dans sa cellule que le parloir lui a été tout à fait interdit, même l'usage de la confession et de la sainte communion.

Cette enquête eut pour résultat de donner une confirmation officielle à des faits déjà amplement connus, mais elle ne termina point l'affaire. Il fallut plusieurs arrêts successifs du Parlement de Rennes des 17 juillet 1652 et 18 juillet 1653 pour que Marie de Keraldanet put être transférée à l'abbaye de Saint-Georges de Rennes et ensuite jugée capable de tous actes civils. Le mariage qu'elle contracta ensuite en 1654 avec Gilles de Sévigné, vicomte de Pontruault, ne désarma point encore ses adversaires trop intéressés à lui disputer sa part légale de l'héritage paternel. A la requête de sa nièce, Marie-Anne d'Acigné, qui avait continué l'instance au lieu et place de sa mère et de son beau-père, l'affaire fut portée devant le conseil du roi et renvoyée par lui au Parlement de Paris et à l'officialité de Paris et, de longues années après, son mariage, Marie de Keraldanet se vit encore menacée par ses adversaires de se voir réintégrée dans son ancienne cellule du prieuré des Bénédictines de Vitré.

Si nous avons tenu à insister autant sur l'histoire de Marie de Keraldanet, c'est parce que rien ne nous fait mieux connaître le milieu et les conditions dans lesquels se sont passées l'enfance et une partie de la jeunesse de Henri de Sévigné. C'est aux côtés de Marie de Keraldanet qu'il a vécu

aux Rochers ses premières années, c'est chaque jour qu'il a
été le témoin des menaces et des violences dont elle était
l'objet de la part de sa mère et dont il a été la première
occasion. Rien aussi ne nous fait mieux comprendre le caractère de Charles de Sévigné, son père, souffrant de ces violences et trop faible pour les empêcher. Marie de Keraldanet
garda d'ailleurs si peu de rancune aux Sévigné de ces mauvais traitements, qu'au lendemain du jour où elle recouvra sa
liberté, elle épousa un cousin de Henri de Sévigné et pendant
de longues années ensuite, celui-ci et après lui, madame de
Sévigné, auront les mêmes adversaires qu'elle-même.

Après que la mort de son père et de sa grand'mère l'eut
privé de ses plus précieux appuis, Henri de Sévigné se trouva
laissé à l'abandon. Son parent le plus proche, René-Renaud
de Sévigné, son oncle, sur l'affection et le dévouement
duquel il aurait pu sûrement compter, avait depuis longtemps
quitté la Bretagne. Nous avons raconté ailleurs la carrière de
ce Sévigné qui, après s'être distingué sur de nombreux
champs de bataille, devint un partisan fougueux du cardinal
de Retz pendant la Fronde, se fit le correspondant de Christine de France, duchesse de Savoie, et finit ses jours parmi
les pieux solitaires de Port-Royal[1]. A son défaut, ce fut son
cousin germain, Renaud de Sévigné, comte de Montmoron,
conseiller au Parlement de Bretagne, qui fut nommé tuteur
du jeune orphelin. C'est à ce titre que nous le voyons dès
lors intervenir au nom de son pupille dans les procès intentés
par Marguerite de Coëtnempren au sujet du règlement de la

1. Jean Lemoine, *Un nouvel historien de la Fronde. Le chevalier de
Sévigné* (*Le Correspondant*, 10 et 25 septembre 1911). — *Correspondance du
chevalier de Sévigné et de Christine de France, duchesse de Savoie*, publiée
pour la Société de l'Histoire de France par Jean Lemoine et Frédéric Saulnier. Paris, 1911, in-8.

succession de Charles de Sévigné. Conformément aux dernières volontés de ce dernier, M. de Montmoron fut assisté pour l'administration des biens du jeune mineur par François Lyais, sieur du Temple [1].

Nous n'avons aucun renseignement sur l'instruction qui fut donnée au marquis de Sévigné ni sur les maîtres auxquels il fut confié. Le 18 janvier 1641 il est encore mentionné dans les anciens registres de l'état civil de Notre-Dame de Vitré comme parrain de Henry de Murdeaux, fils d'Ollivier de Murdeaux, sieur de Presle, avocat au Parlement de Rennes et de Françoise Godé, dame de la Rouaudière et le 27 novembre 1641, à Etrelles, comme parrain de Henry Resneau, fils de Clément Resneau et de Renée Boucherie. Mais il semble bien qu'à partir de l'année 1642 son principal séjour ait été à la Cour, ou à Paris. ou à l'armée. Nous trouvons, en effet, aux dates des 16 et 19 avril 1642, mention de deux emprunts de 1 600 et de 1 500 livres contractés en son nom à Nantes et à Vigneu, près de Nantes, par Jules Le Clavier, sieur de Pongiraud, fermier de la ferme du Buron et dont la principale destination était sans doute de l'aider à compléter son équipage. Le 18 mai 1642, au baptème de Henry Picart, à l'église de Saint-Martin de Vitré, il est représenté comme parrain par François Lyais, sieur du Temple [2]. D'autre part, Henry Arnauld, dans une lettre adressée au président Barillon le 5 décembre 1642, donnant les noms de trente capitaines des compagnies royales. cite parmi elles la compagnie « d'Olivet Sévigny [3] ». Et l'année suivante. Me Georges Tirel, notaire de Torcé, dans son livre de raison, mentionne comme une sorte

1. Bibl. mun. de Rennes. Fonds Saulnier. Papiers Sévigné.
2. *Ibid.*
3. Bibl. nat. Manuscrits. Fonds fr. 3778, fol. 18.

d'événement le retour aux Rochers du jeune marquis de Sévigné[1].

Henry de Sévigné était donc à la Cour ou à Paris depuis plusieurs années lorsque s'engagèrent, au printemps de l'année 1644, les pourparlers relatifs à son mariage avec mademoiselle de Chantal. La première mention de ces pourparlers nous est fournie par Olivier Le Fèvre d'Ormesson qui écrit dans son Journal, à la date du 7 mars 1644 : « M. de Collange me parla de M. de Sévigné, breton, pour mademoiselle de Chantal. » S'il fallait en croire Tallemant des Réaux[2], c'est Paul de Gondi, coadjuteur de Paris, le futur cardinal de Retz, qui aurait joué le principal rôle dans la préparation de ce mariage. Tallemant écrit, en effet : « Sévigny qui, par la faveur du coadjuteur, son parent, à qui l'abbé de Livry, Coulanges, fou de la mère, avait voulu faire sa cour, avait épousé cette jolie mademoiselle de Chantal, de la maison de Rabutin, de Bourgogne, qui avait cent mille écus en mariage, aujourd'hui cette madame de Sévigny dont nous avons parlé dans l'historiette de Ménage. » La supposition de Tallemant des Réaux ne présente en soi rien d'invraisemblable. L'intérêt que la famille de Retz portait aux Sévigné depuis que ceux-ci étaient entrés dans son alliance par le mariage de Charles de Sévigné avec Marguerite de Vassé nous est attesté par plusieurs autres faits. L'année même de ce mariage, le 21 avril 1621, nous voyons Emmanuel de Gondi, général des galères de France, et Jacques-Hercule, marquis de Vibraye, intervenir au nom de Charles de Sévigné et de sa mère, Marie de Sévigné, pour mettre fin à un procès engagé devant le

---

1. « Autre demy journée à Jacques Paraige pour aller à la bienvenue de M. de Sévigné » (Frain, *Aux Rochers et autour des Rochers*, Vitré, 1911, p. 98).

2. *Historiettes*, VII, 52.

Parlement de Rennes, entre ceux-ci et les familles d'Acigné
et de Guémadeuc [1]. Nous avons dit, d'autre part, l'amitié qui
unissait le chevalier de Sévigné au coadjuteur et dont nous
le voyons donner plusieurs témoignages en l'année 1644 en
logeant chez lui pendant son séjour à Paris et en lui donnant
pouvoir pour le représenter aux négociations relatives au
mariage de son neveu. Quant aux rapports qui ont pu s'établir
entre les familles de Retz et de Sévigné et la famille de mademoiselle de Chantal, il est pour les expliquer beaucoup d'autres
raisons que l'intervention de l'abbé de Coulanges. Nous savons,
par le témoignage de madame de Sévigné elle-même, l'intimité des relations qui avaient existé entre son père et Henri de
Schomberg, maréchal de France. Or, nous venons de voir
qu'en 1626, l'année même de la naissance de mademoiselle
de Chantal, le maréchal de Schomberg avait été parrain, à
Nantes, de Henri de Sévigné et la marraine à ce même mariage
n'était autre que la belle-fille du maréchal, Anne d'Halwin,
mariée à Charles de Schomberg et fille de cette Marguerite
de Gondi, marquise d'Halwin et de Maignelay que nous avons
mentionnée parmi les principales bienfaitrices du monastère
de la Visitation de la rue Saint-Antoine et que nous trouverons
elle-même en 1646 comme marraine de la future comtesse
de Grignan. Charles de Schomberg, devenu plus tard lui aussi
maréchal de France, continua de porter aux Sévigné le même
intérêt que son père. En 1639, au siège de Salces, en Rous-
sillon, le maréchal qui commandait à ce siège sous le prince
de Condé avait sous ses ordres le chevalier de Sévigné, capitaine au régiment de Normandie, et lors d'un assaut donné
à la place, il dut intervenir pour modérer l'ardeur du régiment qui, bien que la plupart de ses officiers eussent été tués

1. Bibl. mun. de Rennes. Fonds Saulnier. Papiers Sévigné.

ou blessés, continuait d'avancer, nous dit un officier du régiment, M. de Campion, « avec le même calme que s'il eut été question de faire l'exercice, observant les distances des rangs et des files ». En 1644, au moment de son mariage, c'est, comme nous l'apprenons par le contrat, à l'hôtel du maréchal de Schomberg à Paris que résidait le marquis de Sévigné. Et il n'est pas jusqu'à Chapelain lui-même qui, lié avec mademoiselle de Chantal et avec la famille de Retz, n'ait pu jouer, lui aussi, son rôle dans ce mariage.

Parmi les personnes qui intervinrent pour arrêter les conditions du contrat il convient de citer d'abord, comme le plus proche parent du futur époux, le chevalier de Sévigné. Une première preuve nous en est fournie par la procuration qu'il donna à ce sujet à Paris, le 16 mai 1644, avant de partir pour l'armée, à un ami de la famille, Jean Le Moyne, sieur de la Maisonneuve, et à Paul de Gondi, coadjuteur de l'archevêque de Paris.

Par-devant les notaires garde-notes du roi notre sire au Châtelet de Paris soussignés fut présent messire Renaud de Sévigné, chevalier, baron de Champiré et maréchal de bataille des armées de Sa Majesté, de présent en cette ville de Paris, logé au petit archevêché de Paris, lequel, ne pouvant assister en personne à l'accomplissement du mariage proposé à faire entre messire Henri de Sévigné, son neveu, avec mademoiselle de Chantal pour être commandé d'aller en l'armée d'Italie pour le service de Sa Majesté. a ledit sieur de Sévigné constitué son procureur général et spécial Jean Le Moyne, sieur de la Maisonneuve, conseiller et secrétaire du roi, auquel il a donné pouvoir et puissance de pour lui et en son nom assister à toutes les conférences et propositions qui se feront touchant ledit mariage et en cela et sur les articles qui en seront dressés et accordés suivre l'entier avis et sentiment de M. le coadjuteur de l'archevêché de Paris, lesquels, dès à présent comme pour lors, il approuve et promet tout ce qui sera sur ce fait agréer et ratifier toutes et quantes fois requis en sera.

Une autre preuve de l'importance du rôle joué en cette circonstance par le chevalier de Sévigné nous est fournie par Olivier Le Fèvre d'Ormesson qui, à la date du 27 mai 1644, écrit dans son Journal : « Le vendredi, 27 mai, M. le président Barillon vint trouver mon père pour tous deux ensemble terminer les difficultés des articles de M. de Sévigny et de mademoiselle de Chantal[1]. » Or, ce nouveau personnage, le président Barillon, qui, après le coadjuteur et messire Jean Le Moyne de la Maisonneuve, intervenait souverainement pour défendre les intérêts du marquis de Sévigné, était lui-même intimement lié avec le chevalier de Sévigné. Lorsque l'année suivante, le président Barillon mourut à Pignerol où il avait été exilé en raison de la part qu'on l'accusait d'avoir prise dans la cabale des Importants, le chevalier de Sévigné ne craignit pas d'écrire au ministre Le Tellier : « Arrivé en ce pays, je fus prié de M. le président Barillon de le vouloir assister en sa maladie, ce que j'ai fait d'autant plus volontiers qu'il était mon ami intime et de longue main et j'ai cru qu'on ne le trouverait point mauvais[2]. »

Pendant que les intérêts du marquis de Sévigné étaient ainsi défendus, c'est, comme nous l'apprend le Journal de son fils, André Le Fèvre d'Ormesson qui était chargé de soutenir ceux de mademoiselle de Chantal. C'est aussi chez lui, semble-t-il, que se firent les premières visites du marquis de Sévigné. Olivier Le Fèvre d'Ormesson écrit, en effet, à la date du 26 mai : « Le soir M. de Sévigny vint après souper voir mon père. Il est beau et cavalier bien fait et paraît avoir esprit. » Le mariage était donc sur le point de se conclure, il ne restait plus que quelques dispositions à régler et Olivier

1. *Journal d'Olivier Le Fèvre d'Ormesson*, I, 185.
2. *Correspondance du chevalier de Sévigné et de Christine de France, duchesse de Savoie*, p. 283.

Le Fèvre d'Ormesson écrivait le 29 mai : « Le dimanche 29 mai, au matin, je fus avec M. de Collanges chez M. Brodeau pour le consulter sur les sûretés de M. de Collanges pour payer à M. de Sévigny » lorsqu'un incident imprévu vint retarder de plusieurs semaines la conclusion du mariage. Le 29 mai, Olivier Le Fèvre d'Ormesson écrivait, en effet, dans son Journal, à la suite de la mention que nous venons de citer : « Le même matin, M. Pichotel me dit que M. de Sévigny s'était battu en duel la veille contre Chastelet et avait été tué. Je le dis à M. de Coulanges qui me répondit qu'il savait ce combat qui avait été fait au Pré aux Clercs après quelques coups de plat d'épée donnés par M. de Sévigny à Chastelet sur le Pont-Neuf sur quelques discours qu'il en avait faits, qu'il était blessé à la jambe et à la cuisse, mais qu'il se portait bien et qu'il l'allait voir. Je lui laissai mon carrosse pour cet effet. » Le 31 mai, Olivier Le Fèvre d'Ormesson note encore : « Ma mère me dit qu'elle avait vu madame Housset qui lui avait appris que son médecin, ayant vu la blessure de la cuisse de M. de Sévigny, lui avait dit qu'elle était mortelle. » Ce bruit était d'ailleurs le bruit de tout Paris et Olivier Le Fèvre d'Ormesson écrivait le lendemain : « Par la ville, on disait que M. de Sévigné était à l'extrémité et néanmoins M. de Coulanges nous assurait du contraire[1]. »

En la circonstance c'étaient les pronostics de M. de Coulanges qui étaient fondés. Malgré la gravité de sa blessure, le marquis de Sévigné en fut promptement remis et l'on put songer de nouveau au mariage. Le projet de contrat avait été soumis au tuteur du marquis de Sévigné, Renaud de Sévigné, sieur de Montmoron, lequel s'empressait de l'approuver ainsi qu'il résulte de l'acte suivant, passé par lui devant Mes Bertelot et Mahé, notaires à Rennes, le 26 juin 1644.

1. *Journal d'Olivier Le Fèvre d'Ormesson*, I, 186, 187, 188.

Devant nous, notaires royaux héréditaires à Rennes, a comparu Mre Regnaud de Sévigné, seigneur de Montmoron, conseiller du roi en son conseil d'État et privé et au Parlement de Bretagne, curateur constitué par acte du jourd'huy devant les juges de la juridiction de Vitré, de Mre Henry de Sévigné, seigneur marquis dudit lieu, résidant à son logis audit Rennes, lequel, ayant vu les articles de l'autre part du futur mariage d'entre ledit seigneur marquis de Sévigné et dame Marie de Rabutin, fille unique et seule héritière de deffunt Mre Celse-Bénigne de Rabutin, vivant chevalier baron de Chantal et de dame Marie de Coulange, déclare les avoir pour agréables en la forme qu'ils sont exprimés et, à l'effet d'iceux, il autorise ledit seigneur marquis de Sévigné et, pour consentir au contrat dudit mariage, ledit seigneur de Montmoron a nommé et nomme et constitue son procureur noble homme Jean Le Moyne, sieur de la Maisonneuve, conseiller secrétaire du roi, auquel il a donné pouvoir de ce faire sans révocation, pourvu que sur la somme de 60 000 livres promise en nature de meubles audit seigneur marquis il lui sera employé la somme de 30 ou 36 000 livres par l'avis de Mre François-Paul de Gondy, archevêque de Corinthe, coadjuteur de l'archevêque de Paris et avis de messieurs les autres parents... pour achat de linges, habits, meubles, vaisselle d'argent, bagues, carrosses, chevaux et autres choses nécessaires à l'ameublement de la maison de laquelle il pourra bailler quittance au curateur de ladite demoiselle de Chantal. Fait à son logis le vingt-sixième jour de juin mil six cent quarante-quatre avant midi [1].

Le 4 juillet 1644, messire Jean Le Moyne de la Maisonneuve, de retour à Paris, faisait collationner cet acte par Mes de Beaufort et de Beauvais, notaires au Châtelet de Paris. Le 7 juillet, Olivier Le Fèvre d'Ormesson écrivait dans son Journal : « L'après-dînée, mademoiselle de Chantal fut accordée à M. de Sévigny, il n'y avait personne. » Les 16 et 17 juillet il écrivait encore : « Le samedy 16 juillet je fus le

---

1. Bibl. mun. de Rennes. Fonds Saulnier. Papiers Sévigné.

matin au conseil... Au retour, je montai à cheval et allai dîner
avec ma mère à Ormesson. Mon père y vint l'après-dînée avec
M. de Collanges et M. Pichotel... M. de Collanges retourna
le dimanche matin. ayant été envoyé quérir sur ce que M. de
Sévigné se voulait marier le lendemain et aller deux jours après
à l'armée. » Ce n'est toutefois que le 1ᵉʳ août suivant qu'eurent
lieu les fiançailles au sujet desquelles Olivier Le Fèvre
d'Ormesson écrit : « L'après-dînée, je fus avec mon père aux
fiançailles de mademoiselle de Chantal avec M. de Sévigné, y
étaient MM. le père de Gondy, père de l'Oratoire, le coadjuteur,
l'évêque d'Albi, l'évêque de Chalon; de femmes la duchesse
de Retz, madame de Ragny, madame de Brézolles, tante de
M. de Sévigné, mesdames de Raré et La Trousse [1]. » C'est
aussi ce jour-là que fut signé le contrat de mariage. En
raison de l'importance de cette pièce, nous ne croyons pas
sans intérêt d'en reproduire ici les principales dispositions [2] :

Par-devant les notaires du roi au Châtelet de Paris soussignés,
furent présents haut et puissant seigneur Mʳᵉ Henri de Sévigné,
chevalier, marquis dudit lieu, seigneur des Rochers, de la Haye
de Torcé, du Buron, du Plessis-Tréal, La Baudière, Bodégat et
autres lieux, demeurant en cette ville de Paris, rue Saint-Honoré, en
l'hôtel de Schomberg, en son nom, assisté et de l'autorité de noble
homme Jean Le Moyne, sieur de la Maisonneuve, conseiller et secrétaire du roi, demeurant en cette ville de Paris sur le quai de la Mégis-
serie, paroisse Saint-Germain, au nom et comme procureur de messire
Regnaud de Sévigné, seigneur de Montmoron, conseiller du Roi
en ses conseils d'état et privé, conseiller au Parlement de Bretagne,
curateur particulier dudit seigneur marquis de Sévigné institué par

1. *Journal d'Olivier Le Fèvre d'Ormesson*, I, 195, 197, 202.
2. Plusieurs années après que nous avions pris copie de ce testament, il
a été publié par M. le baron Bonnault dans la *Correspondance historique
et archéologique*, année 1916, pages 38-46.

actes donnés en la juridiction de Vitré et prevôté de Rennes, le xxvᵉ jour de juin dernier...

Et Mʳᵉ Philippe de Collange, sieur de la Tour, conseiller du Roi en ses conseils d'état et privé et Mᵉ ordinaire en sa Chambre des Comptes de Paris, y demeurant rue des Francs-Bourgeois, paroisse Saint-Germain, au nom et comme tuteur de demoiselle Marie de Rabutin, sa nièce, fille unique et seule héritière de défunt haut et puissant seigneur Mʳᵉ Celse-Bénigne de Rabutin, vivant chevalier seigneur de Chantal, Bourbilly, Sauvigny et autres lieux et de dame Marie de Collanges, ses père et mère, stipulant pour ladite damoiselle à ce présente et de son consentement, d'autre part.

Lesquelles parties, esdits noms, pour raison du futur mariage entre ledit seigneur marquis de Sévigné et demoiselle Marie de Rabutin, volontairement reconnurent et confessèrent avoir fait et font ensemble de bonne foi les promesses et conventions qui ensuivent en la présence, avis et consentement, savoir : de la part dudit seigneur futur époux, dudit sieur Jean Le Moyne, sieur de la Maisonneuve, conseiller et secrétaire du roi, agissant comme procureur de Mʳᵉ Claude de la Crossonnière, chevalier, seigneur dudit lieu, oncle paternel, de Mʳᵉ Regnault de Sévigné, chevalier, baron de Champiré, maréchal de bataille des armées du roi, oncle paternel ; de haut et puissant seigneur Mʳᵉ Charles de Schomberg, duc d'Alluin, comte de Nanteuil et de Durtal, pair et maréchal de France et chevalier des ordres du Roi..., gouverneur et lieutenant général pour Sa Majesté de Toul, Metz et Verdun et pays messin et son lieutenant général en Languedoc, cousin paternel ; de messire Regnault de Poix, seigneur de Fouesnel, conseiller du roi au Parlement de Bretagne, de messire René de Beaussé, seigneur de la Forest, Le Bourg Torbé et autres lieux, aussi conseiller audit Parlement de Bretagne, parents paternels...

De messire Charles de Sévigné, chevalier, seigneur de Montireau, cousin paternel ; de noble homme (blanc) Rousseau, sieur de Chevincourt, conseiller du roi et correcteur en la Chambre des comptes, comme procureur de haut et puissant seigneur messire Jacques Huraut, chevalier, conseiller du roi en ses conseils d'état et privé, marquis de Vibraye et de haute et puissante dame Anne de Vassé, son épouse ; de haut et puissant seigneur messire Louis de Cossé, duc de Brissac, et haute et puissante dame Marguerite de Gondy, son épouse ; de haut et puissant seigneur messire Henry de Gondy, seigneur de Retz, duc et pair de France ; de haut et puissant seigneur messire Pierre de Gondy, duc de Retz et de Beaupréau, pair de France, de haute et puissante dame Catherine de Gondy, son épouse, cousins maternels...

De révérend père Philippe-Emmanuel de Gondy, comte de Joigny, de la compagnie de l'Oratoire de Jésus, de illustrissime et révérendissime seigneur messire Jean-François de Gondy, archevêque de Paris, et de révérendissime seigneur messire François-Paul de Gondy, archevêque de Corinthe et coadjuteur de l'archevêque de Paris, de révérend père en Dieu messire Gaspar de Daillon, conseiller et aumônier du roi, évêque d'Albi, aussi cousin maternel, et de François Lyais, écuyer, sieur du Temple, ci-devant curateur dudit futur époux.

Et de la part de ladite demoiselle future épouse : de illustrissime et révérendissime seigneur Monseigneur Jacques de Neuchèze, évêque et comte de Chalon-sur-Saône, cousin paternel ; de messire Christophe de Collanges, abbé de Notre-Dame de Livry ; de messire Charles de Collanges, chevalier, seigneur de Saint-Aubin, tant en son nom que comme procureur de messire Louis de Collanges, son frère, chevalier, seigneur de Chézières, oncles maternels ; de haut et puissant seigneur messire Léonor de Rabutin, chevalier, comte de Bussy, conseiller du roi en ses conseils et lieutenant général pour Sa Majesté en la province de Nivernais ; de messire Hugues de Rabutin, chevalier de l'ordre de Saint-Jean de Jérusalem, commandeur de Pont-Aubert et grand prieur de France, cousins paternels ; de messire André Le Fèvre, chevalier, seigneur d'Ormesson, conseiller ordinaire du roi en ses conseils et direction de ses finances, de messire Olivier Le Fèvre d'Ormesson, seigneur d'Amboille, conseiller du roi en ses conseils, maître des requêtes ordinaire de son hôtel, de messire Simon Le Fèvre, seigneur d'Etrelles, conseiller du roi en son grand conseil, alliés.

Est assavoir ledit sieur messire Philippe de Collange, audit nom de tuteur, avoir promis et promet bailler, donner par nom et loi de mariage ladite demoiselle Marie de Rabutin, sa nièce, audit seigneur messire Henri de Sévigné, marquis dudit lieu, lequel a aussi promis et promet de sa part la prendre pour sa femme et légitime épouse par ledit mariage fait et solennisé en face de notre mère Sainte Église, sous la licence d'elle, le plus tôt que faire se pourra, advisé et délibéré sera entre eux, lesdits seigneurs et dames, leurs parents et amis.

Seront les futurs époux uns et communs en tous biens, meubles et conquets immeubles, qu'ils feront pendant leur mariage, et sera leur communauté régie selon la coutume de Paris, en quelque lieu qu'ils établissent ou transfèrent leur domicile, et que lesdits conquets soient faits et lesdits meubles trouvés lors de la dissolution de leur communauté, nonobstant toutes autres coutumes contraires auxquelles ils ont dérogé et dérogent. Ne seront néanmoins tenus des dettes l'un de l'autre faites et créées auparavant ledit futur mariage; ains, si aucunes y a, seront payées et acquittées sur les biens de celui du côté duquel elles seront procédées, et si auront été acquittées des biens de ladite communauté, la récompense et indemnité de moitié sera faite à l'autre conjoint. Ledit seigneur futur époux prend ladite demoiselle future épouse aux biens et droits à elle appartenant présentement; sur lesquels biens et droits ledit sieur de Colanges, en nom de tuteur, baillera auxdits seigneur et demoiselle futurs époux, la veille dudit mariage, la somme de 40 000 livres en deniers comptants qu'il a de présent à elle appartenant. Outre lesquels biens et droits, ledit seigneur messire Jacques de Neuchèze, évêque et comte de Chalon, son cousin paternel, donne par la présente, par donation irrévocable entre vifs et en faveur dudit futur mariage, à ladite demoiselle future épouse acceptant, la somme de 30 000 livres à livrer et prendre par elle et ses enfants sur tous et chacun des biens présents et avenir dudit seigneur évêque et comte de Chalon, après son décès, qu'il y oblige et hypothèque dès à présent, à condition que, où ladite demoiselle future épouse, ayant reçu ladite somme, décéderait sans enfants, en ce cas cette somme sera rendue et restituée par les héritiers collatéraux aux héritiers plus proches dudit sieur évêque et comte de Chalon donateur. De tous lesquels biens et droits d'icelle demoiselle future épouse entrera en ladite commu-

nauté la somme de 60 000 livres; et le surplus desdits biens
et droits, tant meubles qu'immeubles, de ladite demoiselle future
épouse, avec ladite somme de 30 000 livres aussi à elle donnée par
ledit seigneur évêque et comte de Chalon, sera et demeurera propre
à elle pour en jouir de son côté et lignée. Comme aussi demeureront
propres audit seigneur futur époux les droits, noms, raisons et
actions mobilières qui lui appartiennent présentement et pour lesquels
seulement il a action intentée ou à intenter, en ce non compris les
meubles qu'il a présentement et qui lui appartiennent.

Ledit seigneur futur époux a doué et doue ladite demoiselle future
épouse de 6 000 livres de revenu par chacun an de douaire préfixe,
dont assignation lui est donnée sur les terres nobles du Buron, de
Lannoy et de la Rivière, et, si le revenu desdites terres ne suffit,
sur les autres terres de proche en proche appartenant audit seigneur
futur époux, pour en jouir par icelle demoiselle future épouse en
ses mains de plein droit en vertu des présentes, du jour qu'il aura
lieu, sans être tenue de demander délivrance en justice ; et sera ledit
douaire propre aux enfants qui naîtront dudit futur mariage conformément à la coutume de Paris nonobstant toutes autres coutumes à
ce contraires et qui n'admettent la propriété dudit douaire, auxquelles
coutumes lesdites parties ont ainsi à cet effet formellement dérogé et
dérogent; et néanmoins en cas que, ayant enfants, ladite demoiselle future épouse convolast en secondes noces, elle ne jouira
dudit douaire qu'à raison de 4 000 livres par an à commencer du
jour de son second mariage, le fonds dudit douaire entier de
6 000 livres demeurant toujours propre auxdits enfants dudit futur
mariage, et ainsi qu'il est ci-dessus stipulé.

Outre lequel douaire de 6 000 livres par an, elle aura pour son
habitation le château, basse-cour, et préclostures de ladite terre du
Buron, telles quelles sont à présent, de laquelle habitation elle jouira
sa vie durant à toujours et en cas qu'il y eut enfants dudit mariage et
que ladite demoiselle future épouse convolast, comme est ci-devant dit,
en secondes noces, il sera loisible auxdits enfants de rentrer en ladite
habitation, en assignant préalablement à ladite demoiselle future épouse
ledit douaire sur autres biens de la succession dudit sieur futur époux.
Plus aura ladite demoiselle future épouse son chauffage et de ses domes-

tiques, qu'elle prendra dans les bois de ladite terre de Buron tant et si longuement qu'elle y aura son habitation et demeurera audit lieu, sans toutefois toucher aux bois de décoration. Si pendant ledit mariage aucuns biens propres des futurs conjoints ou de l'un d'eux étaient vendus ou rentes rachetées, le remploi en sera fait sur les biens de ladite communauté et, où elle ne suffirait à l'égard de ladite demoiselle future épouse, ce qui en deffaudra sera pris sur les biens propres dudit seigneur futur époux. Le survivant desdits futurs conjoints prendra par préciput des biens de ladite communauté, savoir ledit seigneur futur époux, pour ses habits, armes et chevaux, et ladite demoiselle future épouse, pour ses habits, bagues, joyaux, carrosse et chevaux, réciproquement jusques à la somme de 10 000 livres selon la prisée de l'inventaire et sans creue, ou ladite somme en deniers, au choix dudit survivant. Advenant la dissolution dudit mariage, il sera au choix de ladite demoiselle future épouse et des enfants qui naîtront de ce mariage, d'accepter ladite communauté ou y renoncer et, en cas de renonciation, reprendront tout ce qu'icelle demoiselle future épouse aura apporté et tout ce qui lui sera advenu et échu par succession, donation ou autrement, même ladite demoiselle future épouse les susdits douaire et préciput, habitation et chauffage, tels que dessus; et, où elle prédécéderait sans enfants à elle survenus, les sieurs et dames ses oncles et tantes auront pareille faculté d'accepter ou renoncer à ladite communauté et, y renonçant, faire semblable reprise, fors et excepté la somme de 3o ooo livres faisant partie dudit emmeublissement, laquelle somme demeurera audit seigneur futur époux; le tout à l'égard de ladite demoiselle future épouse, de ses enfants, oncles et tantes, franchement et quittement de toutes dettes et hypothèques créées pendant icelle communauté bien que ladite demoiselle future épouse s'y fût obligée, dont ledit seigneur futur époux ou ses hoirs seront tenus de les acquitter, à quoi tous les biens présents et advenir dudit seigneur futur époux demeureront affectés, obligés et hypothéqués de ce jourd'hui en vertu du présent contrat...

Fait et passé en la maison dudit messire Philippe de Collange l'an mil vi° et xliiii, le premier jour d'août après-midi, et ont lesdites parties seigneurs et dames comparants signé la minute des présentes avec lesdits notaires soussignés demeurée vers Richer, un d'iceux.

Le grand nombre et la qualité des personnes qui signèrent à ce contrat suffiraient, s'il en était besoin, pour témoigner du rang que les nouveaux époux tenaient dans l'échelle sociale. Quant aux clauses mêmes de ce contrat, il était d'autant plus important de les reproduire ici qu'après avoir servi à fixer les droits de madame de Sévigné vis-à-vis de son mari, elles constitueront la base de ses rapports avec ses enfants pour l'administration de leurs biens.

C'est le 4 août 1644 que fut célébré le mariage à l'église Saint-Gervais et Saint-Protais de Paris, ainsi qu'il résulte de l'extrait suivant du registre des mariages de cette église pour l'année 1646 :

Le jeudi quatriesme dudit mois d'aoust audit an, messire Henry de Sévigny, escuier, de la paroisse de Saint-Germain-l'Auxerrois et damoiselle Marie de Rabutin de cette paroisse, après la publication de trois bans de part et d'autre, comme il nous a apparu par le certificat que nous a donné le sieur de Sévigny de la part de M. le vicaire de Saint-Germain-l'Auxerrois et qu'ils ont été fiancés en cette paroisse, ont reçu la bénédiction nuptiale par le révérendissime père en Dieu messire Jacques de Nuchèzes, évesque et comte de Chalon-sur-Saône, oncle paternel de ladite damoiselle, en ladite église de Saint-Gervais, en présence de révérendissime père en Dieu, messire Jean-François-Paul de Gondy, archevêque de Corinthe, coadjuteur de Paris, MM. de Colanges et plusieurs autres.

> HENRY DE SÉVIGNÉ.
> MARIE DE RABUTIN CHANTAL.
> J. F. DE GONDY, coadjuteur de Paris.
> JACQUES DE NUCHÈZE, evesque de Chalon.
> DE COLANGES.
> C. DE COLANGES, abbé de Livry.
> DE COLANGES.

Olivier Le Fèvre d'Ormesson écrit, de son côté, dans son Journal à cette date du 4 août 1644 : « L'après-disnée je fus voir madame de Sévigné qui était fort gaie, elle avait été mariée à deux heures après minuit à Saint-Gervais par M. l'évesque de Chalon. »

Ce que fut cette union, nous aurons à le rechercher dans la suite de cet exposé, mais il n'est pas indifférent de constater dès maintenant dans quelles conditions elle eut lieu. Si l'enfance et la jeunesse de Henri de Sévigné ressemblent par plus d'un trait à l'enfance et à la jeunesse de Marie de Rabutin (Marie de Rabutin perdit son père à l'âge d'un an et sa mère à l'âge de sept ans; Henri de Sévigné perdit sa mère à l'âge d'un an et son père à l'âge de douze ans), nous avons vu aussi les graves différences qui les séparent. Alors que mademoiselle de Chantal a toujours eu sous les yeux l'exemple des vertus domestiques les plus touchantes, alors que, devenue orpheline, elle n'a pas cessé d'être entourée des soins les plus dévoués, les premières années de Henri de Sévigné ont été attristées par les agissements coupables d'une marâtre et sa jeunesse s'est ensuite passée au milieu de mercenaires. Il n'est que juste, semble-t-il, de lui tenir compte de ces circonstances. Et à côté des jugements sévères que nous ont laissés de lui un Bussy-Rabutin, un Conrart ou un Tallemant des Réaux, il n'est que juste aussi de rappeler l'impression qu'il a causée à des juges éclairés comme André Le Fèvre d'Ormesson et son fils auxquels il apparut beau, cavalier bien fait, et paraissant avoir esprit et s'il est difficile de ne pas souscrire à la phrase de Bussy-Rabutin disant que Sévigné « aima partout et n'aima jamais rien de si aimable que sa femme », on doit bien admettre aussi qu'il y a eu dans sa personne et dans son caractère des côtés qui nous échappent puisque, malgré la gravité de ses torts, sa femme ne cessa de lui témoigner une sincère affection et se montra ensuite inconsolable de sa mort.

TABLE

COULOMMIERS

Imprimerie Paul BRODARD.

6501 1-26.